金融生活40年

なぜわたしは旧長銀出身であることに
誇りを持っているのか？

金融の激流を生きて

渡部 恒弘 著

もくじ

第1章 わたしの長銀人生 内外の人脈構築に力を注ぐ 9

第2章 難局に際して

第3章

長銀・杉浦敏介

第4章

教育と勉学

第5章 日本が直面するリスクをどう考えるか？ 141

プロローグ

現在の仕事柄、多くの日本企業を毎日のように訪問しますが、実に多くの企業で長銀マンがお世話になっています。多くの企業経営者から、〝長銀の人は実にしぶといね、そして優秀だよ〟と言われる事が多い。

確かに1998年10月に長銀が破綻した時は、失職してしまった長銀の先輩、同僚、後輩達の将来を考えると、破綻4カ月前に長銀と外資との合弁金融機関の会長となっていたわたしには毎日心が重かった。

しかし、職を失った長銀マン達は、多くの者がその後たいへんな苦労を重ねながらも自分の生きる道を探し出し、現在も立派に社会に少なからず貢献しています。

彼らの職業は多岐にわたります。政治家、大学教授、医師、上場企業の社長やその他役員、タレント、外資系金融機関の会長、外資系投資銀行の本部長等、驚くほど様々な分野で彼らは活躍しています。わたしも現在、外資系金融機関の会長、日本企業の社外取締役や監査役、某国立大学の総長室アドバイザー、経産省関連の財団理事他いろいろな仕事をやらせて頂いています。

これも長銀で働いてきたお陰だと思っています。

一度、食事をしながら『財界』村田博文社長とお話をした折、わたしの長銀時代のとても銀行員とは思えない経験とか内外の人脈の話をした時に、〃実にユニークで面白い経験をされたけれど、現在のサラリーマンや学生達にも非常に参考になると思うので、その経験を彼らに伝えたらどうだろう〃というお誘いを受けたのが単行本化の始まりでした。

あまり自慢の出来る経験とは言えない事も多々あるので、お断りしたものの、わたしも人生の終焉に近づいて来たこともあり、自分の〃人生の日記〃という位のつもりでお引き受けする事としました。読者の皆様に、何か一つでも訴えられるものがありましたならば、筆者の望外の喜びです。

2015年5月吉日

渡部　恒弘

第1章

わたしの長銀人生
内外の人脈構築に力を注ぐ

原点・慶応大学時代のボランティア活動

わたしは慶応義塾大学に入学後、2年間は教養課程で日吉（横浜市）に通っていましたが、2年間一度も授業を欠席した事はなく、今でもその事を話すと信じてくれる人は誰もいません。

たぶん国立のT大に落ちたので、何年浪人しても絶対にT大に入ってやろうと思って勉強していたのだと思います。授業は2年間1回も休んだ事はないので、当然、成績は良く、期末試験の時などは試験会場に早く来て席を押さえていた級友に、わたしの試験の解答用紙がよく見えるよう指定の場所に座らせられました。

ところが3年になって三田に移ってからわたしの勉強一辺倒の生活ぶりは変わってしまいました。

というのも仲の良い級友から、彼が入っていた「ライチウス会」（フィンランド語で慈善という意）というサークルに入るよう強引に誘われ、わたしも入部してしまったからです。

慶応大学には他の大学と同様に、運動部を除く全てのサークルを統括している〝文化団体連盟〟があり、「ライチウス会」はそれに加盟しているサークルです。主に両親がいないなど家庭環境に恵まれていない子供達に週末など勉強を教えたり、一緒に遊んだりするボランティア団体でした。

ライチウス会の同学年のメンバーと。後列左から２人目が筆者

この「ライチウス」という言葉はフィンランド語で友愛、慈悲という意味で、学生にとっては響きの良い言葉だったのかもしれません。わたしはこのライチウス会の活動には積極的に参加していました。

ただ、親には内緒でした。もし親の耳に入るようなことになれば「ふざけるな！　高い授業料を払ってもらっているお前がそんな身分でできることじゃない！」と、怒鳴られることが目に見えていたからです。

ライチウス会のメンバーは毎週末に東京・立川市にある児童養護施設にボランティア活動に出向いていていました。

そうしたボランティアを続けていくうちに、わたしと少数のライチウス会のメンバーはこんな活動では慶応のお坊ちゃん、お嬢ちゃんの遊びの域を出ないという意見も出てきて、更に本格的なボランティア活動を探そうということになりました。

その当時、社会問題になっていたことの一つに、東京では山谷地区のドヤ街の問題がありました。南千住の近くに泪橋という所がありますが、山谷のドヤ街はそのすぐ近くにありました。

現在、山谷のドヤ街はすっかり変わって、外国人の旅行者も宿泊料が安いということで結構、利用していますが、その頃の山谷は日雇い労働者が数多く滞在するドヤ街でした。最近では、旅行者の受入れにも積極的で、外国人観光客もスーツケースを引いて歩く姿が多くなってきました。しかし、往時は大変な場所だったのです。昭和40年代ぐらいまでの山谷は今のように宿泊施設を含めて街並みが整備されておらず、ドヤ街の中の住環境も劣悪で、一般人はもちろん、大学生が立ち入るようなところではありませんでした。

われわれ慶応の学生が山谷でボランティア活動をしたのは昭和41年からでした。当時、山谷に行くには、三田から都電に乗り、日本橋、神田を通っていったものです。南千住の駅から歩いてすぐのところにある泪橋（なみだばし）。浅草から歩いても、それほど遠くない距離でした。わたしが通っていた三田のキャンパスからは都電が走っていて、日本橋、神田、泪橋を通って、南千住までつながっていました。泪橋は松尾芭蕉の『奥の細道』の出発点とも言われています。

当時、都電でこの辺りに来ると、電車の窓から何とも言えない匂いが入って来たものです。まだまだ行政による整備も進んでいなかったのだと思います。泪橋に着く前に、ほとんどの乗客は日本橋や神田あたりで降りていました。今にして思うと、よく行ったものだと思います。

山谷でボランティア活動を行った慶応のクラブ仲間の中には、大きな病院長のお嬢さんや有名な温泉旅館のお嬢さんなどもいました。

彼女達は最初はかなり戸惑ったに違いありません。しかし決してこのボランティア活動をやめることはありませんでした。慶応には問題意識の高い女子学生がいるものだと心打たれました。実際このようなボランティア活動は、相当な問題意識というか、ある種の使命感を持った人でなければ続けられなかったのではないでしょうか。

因みに往時、柔道で日本1、2位を争っていた某大学の柔道部のモサ達もボランティア活動をするべく山谷のドヤ街に入りましたが、わずか1日で撤退してしまった、とドヤ街の住人が教えてくれました。

その住人によれば、警察も山谷のドヤ街の中にはなかなか入っていけなかったようです。

他人には言えない事由でドヤ街の住人となり、毎日ドヤの通りに立って、手数料を取って人材を周旋する手配師と呼ばれるあっせん業者から声がかかると、用意したトラックに乗り、建設現場等で日雇いとして働きます。通りに立っても仕事にありつけない時は、自分の血を売り一日の糧を確保する生活です。

このような過酷な生活環境の中で子供達は日々過ごしていました。それでも中にはクラスで勉強が1番になる子もいました。

こんな劣悪な環境下でも一生懸命勉強したり遊んだりしている子供達の顔を見ると、自分が恥ずかしくなったものです。

ドヤ街の中でわたしがよく向かった先は有名な「玉姫（たまひめ）公園」です。そこには手配師から声がかからず、残念ながら職が見つからなかった人で溢れており、物乞いをしたり、寝そべっている人ばかりでした。

そこで生活している人たちは1日、200〜300円で過ごしている人たちばかり。ドヤにも入れないのです。ドヤは3畳程度の部屋の簡易宿泊所です。そういった施設にも入居することができない人たちでした。

この一角で、わたしは簡易宿泊所で生活する子供達にソロバンを教えていました。小さい頃にソロバンを習っていたので、それを知った関係者の方から「子供達にソロバンを教えて欲しい」という依頼を受けたのがきっかけです。

子供達はすぐにソロバンが好きになり、中にはソロバンを通じて算数が大好きになった子供もいました。

ドヤは長屋造りで、1間3畳、隣とはベニア板で仕切られていました。

勉強やソロバンを教えていた合間に、子供達はわれわれの肩に乗ってあそんだりしていましたが、その際、ベニアの板壁に寄り掛かり過ぎてベニアの壁板がパタンと倒れ、お隣さんに〝こんにちは〟をした事がしばしばありました。

子どもたちと里見公園へ遠足に行った際のスナップ。最後列真ん中が筆者

長屋の共同炊事場でガスを使う時には、10円玉を入れると、10円分のガスが使えました。そこで入居者が料理をしたりしていた姿が印象に残っています。

われわれは子供達だけでなくドヤに住む親とも接触を重ねました。もちろん当初は相手にもされませんでしたが、1年もすると段々われわれを警戒しなくなり、生活の向上策などを話し合うようになりました。

お母さん方や子供と一緒に千葉の市川にある里見公園にプチ遠足に行った思い出は、江の島で子供達と合宿した時の思い出と共に今も克明に残っています。

折しもその頃の日本は経済成長期。日本国民が汗水を垂らしていたときです。昭和42年はGDP（国内総生産）でドイツを抜いて初めて世界第2位に浮上した年になります。その3年前には東京オリンピックが開催されました。そういった時代であっても、ドヤ街は存在していたのです。

大学時代にライチウス会でのボランティアに集中したのは3年間余りでした。自分の人生を振り返っても、学生時代のこの経験は、その後のサラリーマン人生においても非常にプラスになっています。

大学を卒業して長銀に入行してからも数年間、活動は続けました。

学生時代は「学生の遊びだ」と言われることのないように本気でこの活動に取り組

みましたし、大学の学園祭である「三田祭」でも山谷ドヤ街でのボランティア活動を発表、多くの方々にわれわれのボランティア活動に理解をいただいたと思います。

今にして思えば、学生という立場でありながら、よくやったな、と感じます。普通の学生たちがやらないことを敢えてやってきたわけですから、わたしも度胸がついたのかもしれません。いろいろなところで講演をする機会も得ました。「まさか慶応の学生がこんなことをするとは思いもよりませんでした」と言われ、「その活動内容を話してもらえませんか?」という依頼がよく来たのです。

その当時の大学生としては珍しい活動をしていたということで、誰かがわたしたちの活動を新聞社に連絡したのでしょう、われわれの山谷でのボランティア活動に注目した朝日新聞社が「アサヒグラフ」でその活動を写真と共に紹介してくれました。

裏話になりますが、山谷のドヤ街の様子やわたしたちボランティア活動の状況を写真に撮りたいと時々新聞記者に言われました。ドヤ街で相談相手になってくれた人にその話をしたところ、「それは危険だ。われわれが代わりに撮ってやるよ」ということになり、この人は上着のポケットにカメラを入れ、レンズが外に出るようにポケットに穴を開けたのです。あとは小さなダイハツミゼットの荷台に乗り、ドヤ街の様子を住人に決して気付かれぬよう走り回りながらシャッターを切りました。

そのときの写真が当時のアサヒグラフに掲載されています。当時のアサヒグラフはまだ白黒でしたが、ライチウス会の活動内容や山谷の子供達をさまざまなところに連れて行ったときの写真がたくさん掲載されました。

また『明日への子供達』というタイトルの記録映画も作られ、慶応のボランティア活動が紹介されたことも、嬉しかった想い出です。われわれの活動によって山谷のドヤ街が抱える社会問題を僅かでも問題提起出来たのかなと思い、ボランティアをやっていて良かったと思いました。

その後、わたしはこうした活動を見た周囲から推されて慶応の文化団体連盟から関東学生文化団体連盟の委員長に選ばれました。

長銀の入社試験の際には人事部から「関東学生文化団体連盟というのは政治活動をする団体ではないのですね?」と何度も念を押されました。

「長期的な視点で仕事がしたい」と長銀を志望

わたしは、高校を卒業して東京大学を受験しましたが、見事に2度落ちて、慶応義塾大学法学部に入学しました。入学当時はやはり弁護士か、父親が海外で仕事をしていましたので外交官になりたいと思っていました。

しかし、大学生活を続ける中でいろいろな人に会い、その影響を受けるうちに、徐々に考え方が変わってきました。父にも「弁護士や外交官は、おまえには向いていない」と言われました。

ただ、大学での成績は一応よかったので、就職時には役立ちました。

われわれの時の慶応大学は、就職活動の際に就職課で1人ひとり面接を受けていました。

わたしだけではないと思うのですが、成績がいい人に対しては「君は成績がいいから、商社だったら三菱商事か三井物産、損害保険だったら東京海上火災保険、銀行だったら三菱銀行を受けたらどうかね」といったアドバイスを受けていました。今振り返ると偉そうに聞こえるかもしれませんが、わたしは「コマーシャルバンク（商業銀行）に行く気はありません」と返答したのです。

そこで金融分野では日本銀行、日本開発銀行、日本輸出入銀行、日本興業銀行、日本長期信用銀行が候補に挙がりました。

長銀は、戦後に疲弊した日本経済を復興させるために、「長期信用銀行法」に基づいて企業の長期資金を安定供給する目的で設立されました。まさに「産業金融」の担い手だったのです。

わたしは学生なりに、長銀が手掛けていた長期的な信用供与、中長期的な業務に魅力を感じました。商業銀行のような短いタームの仕事ではなく、やるのであれば物事を中長期の視点で捉える仕事をしたい——という思いを自分の中で構築したのです。

そうして、最初に受けたのが長銀でした。

就職活動の「解禁日」から数日後に行われた長銀の試験を受けにいったら、「君は、他にはどこを受けているのかね?」と聞かれたので「ここが初めてです」と答えたら、担当者が「え？　みんな既にもう何社も企業を回っていますよ」と驚いたように話してくれたことを覚えています。「解禁日はほんの数日前だったではないですか」と逆に申し上げると、「まあ、そうだけど有名無実なのですよ」と本音の話をしてくれました。周囲からは何も言われなかったので、自分なりのペースで動いていたわけですが、今思うとのんびりした学生でした。

長銀の後に、興銀の試験が残っていましたが、当時は最初に内定が出た会社以外に行くことは、ほぼ不可能でした。現在は皆さん、内定辞退をすることも結構あると聞いています。時代は変わったものです。

結局、興銀は受験せず、長銀からの内定をいただき、長銀に入行することになりました。

ある意味で良かったと思うのは、わたし自身、長銀に縁もゆかりもなかったことです。縁故ではなく、自分の力で入ることができました。これは自信に繋がりました。

本店窓口での悲喜こもごも

わたしの同期は54人いました。その中には父親が金融界の大物で、本人も有名国立大学を出ているという絵に描いたようなエリートもいました。入行時も目立つ存在で、テレビで取り上げられたこともあるほどでした。最初に配属されたのも枢要な部署。

新人行員は皆、大企業担当部店などの花形部署に行きたがりますが、多くは「債券貯蓄部」といって、商業銀行でいう預金部のような部署に配属されて、かばんを持ってお金を集めてくるという役目を担うことがほとんどでした。

特に長銀では昭和43年から債券の「個人消化」を強化するため新人をほとんど個人消化部門に投入することにしていました。

わたしはと言うと、最初に人事部から希望部署、職種を言いなさいと言われた時に「わたしは何部でも結構です」と答えました。その理由は、やはり銀行員としていろいろな部署を回り、様々な経験をしなければ仕事がわからないと考えたのです。

そういう話をしたら、「わかった」と言われてしばらく待たされた後、出た結論は「本店」でした。

最初の業務は、窓口の一番前に座ってのお客様対応でしたが、まさか本店の窓口の一番前に座らされるとは思ってもいなかったので驚き、緊張しました。例えば当時、長銀では「ワリチョー」（1年物割引金融債）、「リッチョー」（5年物利付金融債）を窓口でも販売していました。

その時に「ワリチョー、リッチョーを他の金融商品と比較した場合の有利性等について説明して欲しい」などといったお客様からの疑問にお答えしたりするわけです。そうした質問であれば、研修で学んだ内容でもありますから答えられるわけですが、そういうわかりやすい仕事ばかりではありません。

窓口では膨大な量の事務手続きがあり大変ですから、わたしの周りにはベテランの女性行員が囲んでくれました。彼女たちは優秀で、本当に頼りになりました。お客様を見る目も確かで、わたし自身の目も鍛えられ、勉強になりました。

窓口にいるといろいろな経験をします。

配属されて間もない頃、年配の男性が窓口に現れて「俺が誰だか知っているか」と言われました。

知らなかったので正直に「いえ、存じ上げません」と答えると、その人から「何だおまえは！　俺の顔も知らないのか！」と怒鳴られました。

その人物は、旧大蔵省出身で長銀に移って来られた、長銀の役員だったのです。

また、お客様の中には「いいものを見せてやろう」と、持ってきた袋の中から本物の「白ヘビ」を取り出して「このヘビを知っているか？　幸運を呼ぶヘビなんだ」と自慢をされる方もいました。この人はお金持ちの方なのですが、白ヘビが出てくると女子行員などが「きゃあっ」と叫んで、どこかへ行ってしまいます。

他にも「君の嫁さんを探してやろう」などというお客様もいました。本当にいろいろな楽しい経験もさせてもらった窓口業務でした。

窓口を訪れる「海千山千」の顧客たち

「ワリチョー」や「リッチョー」を販売する中では大量のお札を取り扱います。例えば５００万円分購入した人がお札の束を出します。われわれ銀行員はお札を素早く数えるやり方を習っており、ベテランの銀行員ほど早く数えられますが、中には悪い人もいて、わたしがまだ不慣れな新人と見て狙われるのです。

わたしが500万円分の1万円札の束を数え終えて、ベテランの女子行員に渡して確認をしてもらうのですが、すると「渡部君、この中に1枚、5千円札が入っていますよ、お札を数える時は細心の注意を払わなきゃ駄目よ」と注意されました。要するに、そのお客様は5千円札を入れた分だけ得をするということです。わたしは何度かそういう目に遭いました。

そういう時には「何番の番号札をお持ちのお客様」と呼び出して、「お客様、お間違いになったようで5千円札が入っておりました」と丁寧に伝えます。本当だったら「あなたが入れたんでしょう」と言いたいところですが、ぐっとこらえます。お客様は「何で入っちゃったんだろう」などと言って、1万円を入れ直します。

金融債は預貯金と類似していますが、預貯金口座開設にはマネーロンダリングや脱税など違法行為に預貯金口座が利用されないように、開設時に名義者の身元を公的身分証明書などで確認を必要とするのに対し、一部の金融債においては購入する際、身元の確認は不要で無記名で購入し、巨額の現金を債券に圧縮できた事から脱税などの手段に使われていたこともあったようです。

「ワリチョー」などの割引金融債は当時「無記名」という特徴がありました。窓口に現金を持ってくれば、本人確認なしで金額分の債券を手に入れることができました し、換金をする時も債券さえあれば、名前を名乗ったりする必要がなかったのです。

こうした「無記名」という特徴によって、割引金融債は脱税の温床になっていると言われていました。自由民主党元副総裁の金丸信氏は脱税容疑で逮捕されましたが、この時には同じ長期信用銀行のひとつN銀行の割引金融債の一部が申告されていないことが問題視されました。

窓口で学んだ「チームワーク」の重要性

ヒヤッとしたこともありました。お昼に行内の食堂で食事をしようとしていたら、「債券貯蓄部の渡部さん、至急1階の窓口にお帰り下さい」と館内放送がかかりました。これは何か問題が起きたということです。

この時は、リッチョーの利払い期日が来た利札（クーポン）を大量に持ち込んだお客様がいて、わたしが期日や金額等をチェックして、窓口の後方にいる女子行員に渡したのですが、中に利払いの期日が来ていない利札（クーポン）が混ざっていたのです。先ほどの1万円の束に5千円札を混ぜるのと同じ手法です。わたしも気が付きませんでしたが、この時は女子行員も気づきませんでした。

リッチョー現物債は「無記名」ですから、「店頭扱い」といってお客様の名前はわかりません。一度利息を支払ってしまったら、わからなくなってしまうのです。かといって、そのマイナスを埋めるためにわれわれ行員が自己負担をすることは勿論できません。

このようなミスをした時は本当に落ち込み、暫くは銀行に行くのも嫌になりました。自宅に帰ると母親に、このミスをした事を話し、もう銀行に行くのは嫌だなと愚痴ると、「あッそう。銀行はあなたに向いてないのよ。辞めたら」と一言の励ましもない冷酷な態度。この母親の言葉にムッとして、又、自然と自分の身体は長銀のある大手町に向かっていました。

銀行は現金を取り扱いますが、1円でも金額が合わなかったら大変です。夜中までかかってもその原因を突き止めなければなりません。朝の7時半になっても、まだ合わないことすらありました。

徹夜をして、普段お客様が座るソファで仮眠をとったこともありました。こういう時には若手の男性はあまり役に立ちません。若い女子行員は帰宅させますが、ベテランの女子行員が一番信頼感があり、かつ原因を見つけるのが上手でした。わたしなど何度も彼女達に助けてもらうことがありました。

今の銀行では技術の進歩もあって、現金が合わないということは、かなり少なくなってきたと思います。ただ一方で、お客の立場で言うと、最近の窓口はお金を下ろす時でも待ち時間が長いと感じます。これは様々な危機を経て、ものすごくチェックが厳しくなったからでしょう。その意味でも、窓口業務一つを見ても、日本の金融業界の変遷を感じます。

また、2015年4月時点で日本の10年もの国債の金利が0・3％台と、超低金利環境にありますが、わたしが長銀の役員をしていた当時には、利付債のクーポン（利札）が一時、年利8％くらいにまでなった時がありました。

その時に長銀だけでなく興銀にも日債銀にも、多額の現金を風呂敷で持って来られたお客様が殺到しました。彼らは高い金利の利付債をできるだけ多く買おうと思ってわれわれのところにやって来たのです。

対応にはわれわれ役員も駆り出されて、銀行の建物を囲むようにして並んでいるお客様に「最高限度で5千万円にして下さい」と言って回った記憶があります。5千万円の8％ですから400万円です。当然ですが、今はこんな夢のような商品はありません。これも日本経済の流れの一つです。

窓口業務の中で学んだのは「チームプレー」の大切さです。共同責任ですから、自分のことだけでなくてみんなのことを考えるようになります。その中でどういうミスがあったのか、お客様に対する対応をどう気を付けたらいいのかということなどを学ばせてもらいました。

フランス留学で学んだこと

入行から4年が経った1972年（昭和47年）、長銀から選抜されてフランス留学に行くことになりました。

わたしのときはわたしを含めて2名、抜擢されました。Kさんとわたしです。Kさんがアメリカ、わたしがフランスに行きました。Kさんは東京大学法学部卒業後に長銀に入行し、常務になられ長銀破綻後、早稲田大学大学院講師や、グラクソスミスクライン管理本部長、九州大学ビジネススクール教授、そして立命館アジア太平洋大学大学院教授などを歴任しています。

わたしは、父親がドイツにいた事もあり、長銀入行後、何とか海外に、それも欧州に行きたいと思っていました。

それは間違いなく、父親の影響なのだと思います。とにかく留学するなら欧州だと考えていたのです。

わたしが長銀に入社したのは1968年（昭和43年）ですが、当時長銀では毎年1、2名、海外大学に留学生を派遣していました。留学中も毎月の給与は満額支給されるし、ボーナスも全額出るので何とかして留学したいと思っていました。

同じように留学したいと思っている同僚は多く、留学にあたっては、行内で厳しい選抜試験が行われ、かなりの競争率になっていました。試験は語学試験だけでなく、一般教養試験、民法、憲法などの法律試験、業務に関するペーパー試験のほかに、外国人との会話試験があり、最終的には重役面接を経て選抜されます。

普通は留学と言うと、だいたいの人はアメリカの大学を希望するものですが、わたしはやはり変わっていたのでしょう、フランスの大学に行きたいと思っていました。

留学中の話はたいへん長くなるので簡潔にしますが、フランス語の教本を1日数十ページを読みこなさないと議論に付いていけず、夜中の2時、3時まで勉強という日が続きました。

こんな経験は日本の大学生にはあまりないのではないでしょうか。教授や他国の学生との議論に明け暮れた日々は実に充実していました。

わたしにとって、フランスでの留学経験はのちのキャリア・アップに大きな影響を与えてくれました。

1968年に冬季五輪が開催された場所でもあるグルノーブル大学と、首都のパリ大学で学びました。

「なぜ、フランスを選んだのか?」とよく聞かれました。当時、いや今でも邦銀から

フランスの主な都市

の留学生はほとんどがアメリカに留学を希望します。しかしわたしは、「なぜみんなアメリカにばかり行くのか。欧州だって日本にとって重要ではないか」と考えたのです。そう言うと多くの人に「変わっていますね」と言われます。

また、個人的な興味として、日本が1億人の人口を擁しながらアメリカの政財界人と対等に渡り合えないのに対し、フランスは5500万人と日本の半分の人口でありながら、議論などでも、米国のリーダーと一歩も引けを取っていないのはなぜなのか？　という疑問を持っていたのです。

実際にフランスに渡ってわかったのは、やはり教育の問題が大きいということです。大学を取ってみても、日本では授業は教師から学生への一方通行であるのに対し、フランスでは必ず双方向なのです。

この双方向の授業に参加することで学生の強い対話力が育成されるのです。

最初に訪れたグルノーブルは、フランス中央部にあり、アルプス山脈に近い街です。この街はフランス物理学の「メッカ」です。また文学では、「世界十大小説」の一つに数えられることもある『赤と黒』を書いたスタンダールの出身地でもあります。

グルノーブルのビッグイベントは1968年の冬季五輪です。フランス出身のアルペンスキーヤー、ジャン＝クロード・キリーが「三冠」を達成した大会です。『白い恋人たち』という記録映画も製作されました。

グルノーブルに留学する理由の一つは落ち着いた環境です。フランス語を習得し、自由なコミュニケーションができるようにならなければならないわけですが、首都のパリに最初に行ってしまうと日本人が多い上に様々な誘惑も多く、フランス語を学ぶと称して遊んでしまう人が多いのです。

ですから、日銀、三菱商事など、日本を代表する金融機関や企業からのフランス留学生は、ほとんどがグルノーブルだったと思います。長銀も同じようにグルノーブルを留学先に決定しました。グルノーブルでフランス語をじっくり身につけた後、長銀やその他の邦銀が設立した現地法人があるパリに移り、パリ大学経済学部で学びました。

ガボンやアルジェリアなどでの思い出

フランス留学の後、日本に戻ってから国際金融部という部署で融資を担当することになりました。

その時に初めて、アフリカ中部に位置するガボン共和国に12年の融資を実行しました。わたしに最初に与えられた仕事はこのガボンという西アフリカにある木材と石油資源が豊富にある国に対する融資案件でした。

この案件は1974年、長銀が主幹事となり複数の邦銀に参加をするように要請しました。わたしの役目は、主としてガボン政府とのコミュニケーションでした。

往時は電子メール等がありませんでしたし、国際電話もアフリカ宛の接続は非常にトラブルが多かったため、連絡は主にテレックスを使いました。

ガボンと日本では夏には7時間の時差があったのですが、ガボン政府の本件融資の担当者は時差があるという事もよく理解出来ず、元利金の支払いが融資契約通り出来なくなる危機も何回かありましたが、最終的には夜中までフランス語で頑張った甲斐があり、元利金とも無事、期限通り返済されました。期限に融資契約書通り元利金が返ってきたときの嬉しさはたいへんなものでした。

この時もフランス留学中にアフリカの留学生と結構、親交を深めていたことが役に立ったのかなと思います。


その後、本店でガボン向け融資に携わったあと、長銀が圧倒的にその存在感があったマグレブ諸国の一つ、アルジェリア関係の仕事にも深くかかわる事になります。

わたしの記憶では、長銀はアルジェリア政府から依頼され、同国の経済開発計画の策定に何度も関与しました。

長銀の中興の祖と言われた頭取・会長を歴任した杉浦敏介もアルジェリアを訪問し、首都アルジェをはじめ、他の都市にも行き、アルジェリアのことをよく理解すべく努力していたようです。

その後、酒井守頭取もアルジェリアを訪問しています。

邦銀の中でトップがアルジェリアを始めとするアフリカ諸国にここまで力を入れた銀行はほかにないと思います。

アルジェリアのゴザリ首相（左）と。中央は自動翻訳機を作った経済人でパイプライン製造会社のオーナーのガショー氏

わたしがアルジェリアを頻繁に訪問するようになってからは、わたしはアルジェリアの首相や中央銀行総裁、その他の国営銀行総裁、アルジェリア国営石油公社〝ソナトラック〟総裁等に会えるようになりました。

特に1991年には、ゴザリ首相（当時）とアルジェから飛行機でジェネーブまで一緒に行った事があります。

ジェネーブでアルジェリア・フォーラムが開かれ

た際、ゴザリ首相からアルジェリアに対する長銀の貢献に対して何度もお礼を言われました。その時は、アルジェリアの案件で苦労してきた甲斐があったと率直に喜びました。ゴザリ首相とその時話していた写真は今もアルバムにあります。

日本・アルジェリア委員会のメンバーが日本からアルジェに行ってアルジェリアの色々な分野の幹部に会った時には通訳をさせてもらいました。いずれも30代後半から40代前半の事です。

アルジェリアでは商社の中で一番活躍していた伊藤忠商事さんや、プラント建設の日揮さんのオフィスによくお邪魔しました。そのおかげで現在も日揮の重久グループ代表や山崎会長には時々お目にかかっています。

マグレブ諸国の中では、アルジェリアのほかに、モロッコやチュニジアにもよく行きましたが、観光があまり出来なかったことが残念です。アルジェリアのアルジェ郊外にあるかの有名な〝クレオパトラ〟の妹のお墓を見学した位です。

ニッポン・ヨーロピアン・バンクのアニュアルレポートより。右側中央が筆者

ベルギーに国際合弁銀行を設立

このようにアフリカ大陸に足を踏み入れましたが、アフリカとの関わり合いはまだ続きます。

1976年、長銀は欧州のクレディ・リヨネ（仏）、コメルツ・バンク（独）、バンコ・ディ・ローマ（伊）、そしてバンコ・ディ・イスパーノ（西）で構成する〝ユーロ・パートナーズ・グループ〟そして三井銀行とベルギーのブラッセルに国際合弁銀行

〝ニッポン・ヨーロピアン・バンク〟を設立しました。

長銀50％、ユーロ・パートナーズ・グループ40％、三井銀行10％の合弁銀行です。わたしは31歳、最も若いオフィサーでしたが、仕事のやり甲斐がありました。日本の銀行がイニシアチブを取って外資系金融機関と海外で本格的な合弁銀行をつくったのは、邦銀の中で長銀が初めてだと思います。

合弁銀行の中での第一公用語は英語、第二公用語はフランス語でした。日本人、ドイツ人、フランス人、イタリア人そしてスペイン人の組み合わせからなる会社の経営はたいへんです。

日本人以上に細かいドイツ人、ラテン系丸出しのフランス人とイタリア人、スペイン人。議論をしていてもなかなかまとまりません。最初からある程度は覚悟していたものの、これほどたいへんだとは思いませんでした。

しかし個人的にはこの厳しい合弁銀行での経験が非常に役立ちました。言葉は毎日の白熱の議論を通して当然、鍛えられ、上手くなりますが、何にも増して外国人との話の仕方がわかってきたのは若いわたしにとっては収穫でした。

のちのちフランス勤務になって、フランス人やドイツ人、イタリア人との話がスムースに行くようになったのは、このベルギー時代の経験が大きかったと思います。

因みにこのニッポン・ヨーロピアン・バンク社長は長銀から、副社長はクレディ・リヨネ（仏）、そして融資部は三井銀行とコメルツ銀行（独）からの出向者、バンコ・ディ・ローマ（伊）は資金部を主管していました。

象牙海岸へ

この合弁銀行では実に特記すべき大きな事件がありましたが、それに言及する前にアフリカの話を続けます。

長銀で留学から帰って配属された国際金融部で、アフリカ中部に位置するガボンに対する融資案件を担当したのは前述の通りですが、このベルギーの合弁銀行でも融資案件推進のためアフリカには何回も出張しました。

ベルギーは、アフリカの銅の主要生産国であるザイールの旧宗主国で、合弁銀行の相手先のフランスは西アフリカを中心としたアフリカ諸国の旧宗主国でした。

ドイツもカメルーンという中部アフリカの国を植民地にしていたことがあります。第一次世界大戦でドイツはイギリス、フランス軍に敗れたため、カメルーンはイギリス領とフランス領に分割されてしまいました。その後、１９６０年1月にカメルーンはフランスから独立しています。

だから現在でもカメルーンのドゥワラという同国最大の都市の郊外に行くと、フランス語ではなく英語やドイツ語を話すカメルーン人がいます。

政治的にも安定していたこの国が近時、過激派グループのイスラム国（ＩＳＩＬ）が入り込み始めたと聞き、暗い気持ちになりました。

ＩＳＩＬはやはりわたしが何度かファクト・ファインディングと称して出張したことがある中央アフリカにも侵入して来ているということです。

アイボリーコースト〝象牙海岸〟（コートジボワール）には、融資案件でたびたび赴いています。

首都アビジャンにはアフリカ開発銀行の本部があり、そこで働くアフリカ各国から代表として働きに来ているオフィサーたちと非常に懇意にして頂きました。

長銀は何度もこの銀行の資金調達で主幹事という重要な役割を任せてもらっていま

す。島津製作所の社長、会長を歴任された矢嶋英敏・現相談役と時々お会いさせていただいていますが、先日、矢嶋相談役から「アイボリーコーストのアビジャンにYS11を売りに行った事が何度かあります、確かエール・アフリックというアフリカ連合の航空会社で、その他、カメルーン、中央アフリカ等にもYS11を売りに行きましたよ」という話をお聞きし驚き感心しました。というのも往時のアフリカのインフラはホテルはじめ交通手段も殆んど整備されておらず、私などはビジネス・トリップの時などパリからミネラル・ウォーターを一箱買って行ったほどです。

安倍首相も昨年1月に財界人を連れてアフリカ諸国を回りましたが、アフリカ市場の将来のポテンシャリティ（潜在力）は確かに大きいと思います。

しかし中国は日本より早くアフリカ市場に進出し、驚く事にアルジェリアなどでは旧宗主国のフランスを上回る貿易を行っています。もちろん、日本と比べると問題にならないほど先行しています。

さらにアフリカの奥地へ

コンゴでは、長銀はパリ国立銀行の子会社やコンゴ政府と合弁で〝コンゴ国際商業銀行〟の設立に参画し、わたしはそこの役員となりました。

長銀パリ支店がその受け皿になりましたが、L／Cコンファームという輸入業者の支払いを保証するビジネスで大きな利益をあげ、S邦銀パリ支店はわれわれも参加させてくれと言ってきましたが、長銀が調査に調査を重ねて苦労してやったビジネスなので丁重にお断りさせて頂きました。

年間6回もある取締役会のたびにパリから、マルセイユ、中央アフリカの首都バンギーを経由してコンゴの首都ブラザビルに飛ぶのは結構、タフな出張でした。

病気には特にナーバスになりました。マラリア等、熱帯地域特有の恐ろしい病気にかからぬよう、親しくなったパリのパスツール研究所の先生方に注意すべき点などを何度も聞きに行ったことがあります。

アフリカの各国

コンゴ国際商業銀行の建物はコンゴ河の岸辺にあり、対岸にはザイールの首都キンシャサの街が見えます。

往時、コンゴは旧宗主国がフランスで、治安等はとても良いと言われていましたが、対岸のキンシャサはナイジェリアの首都ラゴスに次いで、世界で二番目に治安が悪い所だと商社の方から聞いていました。

あるとき、わたしが長銀本店に戻っている際に、コンゴ商業銀行の現地役員から「ワタベどうしたらいいか。お金を貸してくれと言って日本人とその同行者が大勢で銀行に入ってきた。どうもザイールのキンシャサにある日本大使館の日本人のようだが、電話に出て話してくれないか」と電話が掛かってきました。

電話の向こう側におられたのはザイールの日本大使でした。

隣国ザイールで暴動が起こり非常に危険な状況だったので、大使館で働く人たちがコンゴ河（ザイールではザイール河と呼ぶ）を渡って一緒に逃げてきたとの事でした。

大使一行はこのコンゴ河の横にポツンと建つ二階建ての建物の中にまさか日本の銀行が出資しているとは夢にも思わなかったらしい。大使一行は手持ちのお金もなかったので、その場でご用立て、差し上げるように指示しました。

因みに当時、コンゴには日本大使館はありませんでした。

コンゴ商業銀行を設立した時も、往時、長銀の堀江鐵彌副頭取と一緒にコンゴ・ブラザビルに赴き、コンゴの大蔵大臣やフランスのパリ国立銀行の首脳などと設立に係わる交渉等に参加しました。

取締役会の前日の日曜日、背広を一人だけ着て他の役員たちから大笑いされながらコンゴ川下りをしたのも懐かしい思い出です。マラリアの病原菌を運ぶハマダラ蚊を恐れ背広を着て川下りに参加したのですが、ハマダラ蚊は日中は殆んど活動しないよと言われたのです。

ブラッセルの合弁銀行では色々な事を経験しました。邦銀の海外支店で外国人と働いた事があると言っても、支店で働く外国人は本店からの人間にはやはり遠慮があるものです。

しかし対等の合弁銀行では全くイコール・ベースですから、議論の仕方が自分の銀行の連中とするときとは全然違います。立場上、こちらが向こうの上司であっても、ドント・ケアです。必死に自分の意見を通そうと凄い勢いでやってきます。

何だかんだと言っても、自分の銀行の仲間だと、例えそれが外国人であろうと、議論するのは遥かに気が楽です。

しかし多国籍からなる国際合弁銀行ではそういきません。おかげでかなり鍛えられたと思います。長銀はその後、合弁を解消し、長銀100％にしてしまいましたが、何を決めるにも楽になった反面、失った物も非常に大きかったのです。

欧州人脈作りの開始／フランス・パリ転勤を命ぜられる／杉浦敏介の来仏

１９８５年10月、「パリに行ってくれ」と上司から言われましたが、何となくその辞令をすっきりした気持ちで受け入れられませんでした。

１９８１年９月に様々な経験をさせてもらったベルギーから戻り、この貴重な経験をベースに少し腰を落ち着けて日本企業のために働きたいと思っていたからです。「パリに赴任する事になりました、パリに来られるような事がございましたら是非私共のオフィスにもお寄り下さい」。この紋切り型の転勤挨拶に対し、殆んどの関係先の担当者は、「いいですね、花の都のパリですか。エッフェル塔、シャンゼリーゼにムーラン・ルージュ、それに本場フランス料理を口に出来るなんて最高じゃないですか」とこれまた紋切り型のご挨拶でした。

日本企業でパリ又はパリ近郊に大きな工場を稼働している企業は往時はほとんどあ

りませんでした。現地には当時、日本の銀行では支店が7行、駐在員事務所は長銀や日本輸出入銀行（現在の国際協力銀行）を含め4行位だったと思います。どこも邦銀の現地支店は資金取引が主で、企業向け融資はほとんどゼロに近かったのです。

パリへ赴任後、しばらく経って長銀の中興の祖と言われ、たいへん厳しい怖い人だという評判があった杉浦敏介会長がパリにやって来られました。

「渡部君、君は何のためにここに来たか知っているか？」

こう切り出すと、杉浦会長は以下のようなことを話し始めました。

杉浦敏介氏

長銀は昭和27年12月に設立された銀行で非常に若い銀行だ。米国でも長銀の支店はそれなりに頑張っているけれど、興銀や三井、住友、三菱等と比べると相当な後発組。それにアメリカに進出している日本企業でさえ長銀よりずっと昔に進出している。だから向こうでは人脈だって彼らの方がずっと持っている。

一方、ＥＣ統合が近い欧州を見てみると、欧州12カ国のＧＤＰを米国と比較すると米国と同じ規模に達する。一方で使う言語は12カ国すべて違う。法律、税制もそれぞれ違う。だから日本企業にとっても銀行にとっても言葉のハードルが高い上、風俗習慣も異なる欧州市場になかなか入れない。

その上、ここは人脈がないとなかなか企業の中に入り込めていない。長銀がここでやらなければならない事は非常に明白だ。君のミッションは、このフランスを中心とした欧州に人脈を築くことだ。

人脈を通して得た貴重な情報をもって企業に入り込むこと、ただでやれとは言わない。30億円を預けるから、それをどうやって活かして人脈を作るか考えたまえ。でも当面は、フランスやドイツ、イタリアの企業のトップに会えるようにするにはどうするべきか考えたまえ。ところで、今回わたしはある投資先候補のトップに会うためにパリに来た。その候補先はマルソー投資会社（Marceau Investissements）という会社だ。明後日、その社長に会うので通訳を頼む。そして聞きたい事があれば、君も質問しなさい――。

ざっとこんなことでした。

自分の目標を持っていたジョルジュ・ペブロー氏

マルソー投資会社の社長の名前は、ジョルジュ・ペブロー（George Pebereau）といいました。

この人はちょっと前までは、コンパニー・ジェネラル・デ・エレクリシティ（Compagnie Generale d'Electricité CGE）のCEOをしていた人です。

このCGEはホールディング・カンパニーで、主力子会社にアルストム、アルカテル、カーブル・デ・リヨン等を抱えるフランスきっての有力会社です。

故ジョルジュ・ペブロー氏（写真は自身のツイッターより）

アルストムと聞いて読者の中には、あっと驚く方がいるかも知れません。

そう、あの三菱重工がシーメンス（独）と組んで、GE（米）と争って買収しようとした会社です。

CGEは、フランスの重工大手であるアルストムと、大手通信システム・装置メーカーであるアルカテル（米ルーセントと合併し現アルカテル・ルーセント）の持ち株会社です。ペブロー氏は、そのCEOでした。

２０１４年に、米ゼネラル・エレクトリックと、独シーメンス・三菱重工業連合がアルストムのエネルギー・インフラ部門買収合戦を繰り広げましたが、ペブロー氏と親しいフランス企業の社長からは「もしムッシュ・ワタベがフランスにいたら三菱重工は勝ったかもしれないね」と冗談で言っていました。

その理由は、フランスの政財界は人と人とのつながりを圧倒的に重視するからです。特に、財界だけでは不十分で、政界ともつながっていることが重要なのです。

わたしをフランスに送り込んだ杉浦さんは、そのことに気付いていたのかもしれません。常に口酸っぱく「君がやらなければいけないのは人脈づくりだ。投資銀行業務は基本的に人脈から全てが始まるのだ」と言っていたことを思い出します。

そうして、CGEや他のフランス企業のトップなどに人脈を築いた杉浦さんのことを今、改めてすごい人だなと思い返しています。

ジョルジュ・ペブロー氏の実弟はミッシェル・ペブロー氏といい、BNP（パリ国立銀行）総裁です。兄弟ともにフランスでは超有名なグランゼコール（フランス独自の高度専門職養成機関）の出身です。

兄のペブロー氏はCGEの後、政府からフランス国鉄総裁やエール・フランス会長に就任要請をされましたが、断っています。

後にペブローさんに、「フランス国鉄総裁やエール・フランス会長は決して悪いポストではないと思いますが何故お断りなったのですか」と聞いたことがあります。

ペブローさんは、「日本ではどうか知りませんが、フランスでは政権が変われば、このようなポストにいる人間も変わるのが普通で、わたしはフランスに利益を生む仕事をじっくりしたいので政治と関係するようなポストで仕事はしたくないのです」と言っていました。

彼は、投資会社をつくって、投資をすることで企業を育ててみることが夢だったのです。自分のやりたいことをきちんと明確に持っていました。単なる一サラリーマンだったわたしにとっては、非常に印象的な一言でした。

わたしはよく、彼に付いて、いろいろなところを回ったので、たくさんの政財界人と知り合いになることができました。

ペブローさんの欧州での人脈の広さは抜群で、政治家、官界、産業界の要人に至るまで彼の名は知れ渡っています。

シラク大統領が東京に来られると聞いた時、ペブローさんに電話をして、長銀の堀江頭取が大統領と会いたいが何とかならないかとお願いをしたら、「大統領はフランス大使館に行く機会があるので、そこで会えるようにしましょう」ということになりました。

頭取夫妻が大使館に行くと、シラク大統領が駐日フランス大使と一緒に寄って来られて、堀江頭取夫妻といろいろ話をしてくれました。ペブローさんがシラク大統領に事前に、マルソー投資会社と長銀の関係をだいぶ話して頂いていたようで、大統領と頭取の面談は終始和やかにいきました。

シラクさんほか、元フランス銀行総裁をつとめたジャン＝クロード・トリシェ元欧州中央銀行総裁、ロマーノ・プロディ元イタリア首相など、いろいろな方々に出会えたことは貴重な財産です。

マルソー投資会社

ここで少しマルソー投資会社のことに触れておきます。

このマルソー投資会社では、欧州でビジネスを成功裡にやるためには人脈作りが如何に重要か、また人脈はどのように作るべきかをたっぷり教えられました。

パリのシャンゼリゼの凱旋門に向かって12本の道路が伸びており、そのうちの一つにマルソー通りというのがあります。そこに本社があったのでマルソー投資会社と言うのです。

マルソー投資会社は、前述の通り、1987年、CGE（アルストム、アルカテル、カーブル・デ・リヨンを傘下に持つ持ち株会社）のCEOであったジョルジュ・ペブロー氏がパリに設立した投資会社です。

フランスの石油大手のエルフ・アキテーヌ、トタールや金融大手のインドスエズ銀行やCDC（預金供託公庫）を始め、多数のフランス、ドイツ、イタリア、英国、アメリカその他の大手企業が株主として名を連ねました。

日本からは長銀が主力株主として30億円出資しました。

杉浦敏介氏がわたしに何度も繰り返し言っていたのは、「マルソーの株主はフランス、ドイツ、イタリアを中心に素晴らしい企業が揃っている。先ずその企業のトップと親しくなれ」ということでした。

そうすれば日本企業に有用な情報は必ずいつか入ってくるし、こうやって入ってくる貴重な情報は他の邦銀との差別化になるという考えが杉浦会長にはあったのです。

「ペブロー氏には『渡部には最低限、マルソーの株主企業のトップを紹介してほしい』と何度もお願いしておいた」ということを杉浦会長から聞かされていました。


1987年頃から1990年にかけて、フランスのパリも日本のバブル経済の波を受け、地元の金融機関のみならず、日本の銀行もパリの不動産投資を活発におこなっていました。

ある時、本店の同期の者から電話がありました。

「渡部、某テレビ局でパリのN銀行の支店長の1日を追う、というタイトルでその支店長の縦横無尽の仕事振りが紹介されていたゾ。お前もテレビで紹介されるような仕事をしないとまずいんじゃないか。良い不動産物件は見つからないのか?」という内容でした。

この時も杉浦敏介氏がわたしに強く言っていた事を覚えていたので、この同期の人間に次のように答えました。

「わたしは不動産投資については残念ながら知見もない素人だから無理だよ。それに杉浦さんからは、『渡部のミッションは欧州での人脈作りだ』と口酸っぱく言われているので、そちらを今一生懸命やっているところだ。もし長銀の欧州での戦略方針が変わったのなら、不動産に強い人間をわたしの替わりにこのパリに連れてきた方がいいよ」

こうして長銀パリ支店は、日本とは違ってフランスでは、杉浦会長のおかげで不良資産を作らなくて済んだのです。

人脈作りはフランスから始まった

フランスでの人脈作りではマルソーの株主企業の社長や会長をはじめ、社外取締役も協力してくれました。

マルソーのCEOであるペブローさんはもとより、仏蔵相でEC委員長であったオルトリさん、仏石油メジャーのエルフではルフロック・プリージャンCEO、サン・ゴバンCEOのベファーさん、ローヌ・プーランのブリュエルさん、ペリエのオーナーのルベンさん、アンドレ・グループのデスクールさん、他にもさまざまな方に本当にお世話になりました。

ペリエのオーナーのルベンさんには、南仏にあるペリエの広大な工場を見学させていただきました。

アルコールが飲めないわたしは、今でも毎晩カルピスをペリエで〝割って〟飲んでいますが、あの強い炭酸が大好きです。あの強い炭酸は、人工的に強くしているわけではないことが現地を見学させてもらって理解できました。

ペブローさんがある時、電話をかけてきました。

「プジョーのカルベ会長が、日本は嫌いだし、もちろん日本の車は大嫌いだという趣旨の話が最近、日本の新聞に載っていたとワタベは言っていたが、カルベ会長を紹介するから一度会いに行きなさい」

実は、カルベ会長の長男は仏大蔵省勤務で、次男は米国の投資銀行に勤めており、わたしはお二人とは親しくさせていただいていました。

特に長男は日本食が好きで、二人でよく長銀のオフィスがあったプラス・バンドーム広場のすぐ近くにあった「衣川」という日本料理店に行きました。

カルベ会長に会った時はちょっと緊張していました。何故なら、往時の日本の新聞には有名フランス人による日本を中傷したような記事が時々載っていたからです。その代表格はマダム・クレッソン首相でした。彼女は日本人を〝働く黄色い蟻〟と言い、フランス国内でも物議を醸していました。

カルベ会長の部屋に入った時、カルベ会長はわたしを見て柔らかくほほ笑んでくれました。

たぶん、ペブローさんから事前に話があったからだと思いました。

わたしは先ず、ご子息とは懇意にしておりますと告げました。

「いやー、ムッシュ・ワタベ、よく来てくれた。わたしには娘もいてね、東京の慶応義塾大学のビジネス・スクールを卒業したんだよ。わたしも家族も日本の歴史や日本食が好きでね……」

実に和気あいあいの雰囲気になったところで、カルベ会長はわたしにこう言いました。

「実はビジネスの話だが、われわれは日本のカーメーカーとディーゼル・エンジンの分野で提携が出来るのではと思っている。トヨタはちょっと大き過ぎるので、ホンダとやりたいが、ホンダにこの提携話を持っていって欲しいのだ」

結局、この話はうまくまとまり、この提携話は日本の大手新聞の一面にも掲載されました。

ローヌ・プーランのブリュエルさんからもある日、本社に来るように言われ、参上しました。これもペブローさんが話をしてくれたので実現したのだと思います。

「ムッシュ・ワタベ、今日来てもらったのは、当社のリヨンにポリエステル・フィルムを作っている子会社があり、この会社を売却しようと思うのだが、どこか良い会社があれば紹介してほしい」

後日、この子会社について調べたところ、売上げ利益ともしっかりしており、非常に優良会社であると思いました。それでブリュエルさんに、何故この子会社を売却する必要があるのか尋ねました。するとブリュエルさんは「日本企業はその子会社が売上げや利益がしっかり出ていると当該子会社がたとえノン・コアでも売らないところが多い。欧米の会社はそうではない。業績が良くてもノン・コアはしょせんノン・コアである。そのノン・コア事業の業績が良い時に売れれば、高く売れる。その資金でコア・ビジネスを強化できる。そうしないと企業は成長できない」と話していました。

その時、後生大事にノン・コア事業を抱えている日本企業に是非、ブリュエルさんの言葉を聴かせてあげたいと思いました。

いろいろな理由をつけて非中核事業を後生大事に抱えている日本企業は現在も多いのです。結局、このローヌ・プーランの子会社は、日本の東レに売却されました。その際、長銀は東レのアドバイザーになることが出来ました。

買収案件にみるリスクの取り方

欧州におけるビジネスのリスクに関するアドバイスもマルソーから受けました。最後にそのアドバイスを受けた案件も紹介したいと思います。

長銀パリ支店は1990年、あるフランス企業による世界的スポーツ用品ブランド〝アディダス〟の買収ファイナンスに参加することになりました。

アディダスは1964年にドイツの靴職人のアディ・ダスラーが立ち上げたシューズ・ブランドです。やはりスポーツ・シューズ大手の〝プーマ〟はアディ・ダスラーの兄が始めたブランドです。往時、アディダスは業界のグローバル・リーダーで、後に英国発祥のスポーツ用品ブランド〝リーボック〟を買収することになります。

日本でも有名なもう一つのブランド〝ナイキ〟は1990年代後半に設立されています。

このドイツ企業のアディダスを買収しようとしたのは、仏の実業家ベルナール・タピ氏です。

タピ氏は実業家だけでなく、政治家（自治大臣を歴任）、そして仏サッカー一部リーグのオリンピック・マルセイユのオーナーでもあります。

マルソーのペブロー会長によれば、フランスの大企業の殆んどのトップはＥＮＡ（フランス国立行政学院）やポリテクニーク等、いわゆる〝グランゼコール〟の出身者ですが、タピ氏はグランゼコールを出ていない珍しい実業家であるとの事でした。

そしてその知名度は高く、事業でも成功を収めてきたので、グランゼコール出身者からはやっかみを受けていると教えてくれました。

またアディダスの買収ファイナンスには様々な分野で協力するので、長銀で是非やるべきだと背中を押してくれました。

ペブロー会長は、まずタピ氏に会ってタピ氏の人物、人柄を知りなさいとアドバイスをしてくれました。

ペブロー氏のアドバイス通りタピ氏にコンタクトをしましたが、是非、自宅に来てくれと言われたので、パリのセーヌ河に近い立派なお宅にお邪魔をしました。

タピ氏と奥様に挨拶をした後、少し経ったところでお客様がもう一人来られました。

なんと、その人はドイツ人で〝サッカーの皇帝〟と言われたベッケンバウアーでした。

このときのわれわれ三人の会話はフランス語、ドイツ語、英語の三か国語のちゃんぽんでしたが、意外に意思の通じる会話になっていて、面白いものでした。

タピさんは片言のドイツ語でサッカーの皇帝に話しかけ、皇帝は片言のフランス語で応じていました。フランス語の単語や表現がわからなくなると、皇帝は英語で懸命に自分の意思を伝えていました。

わたしはタピさんとフランス語で、皇帝とは英語と、わたしのあまりうまくないドイツ語で会話を楽しみました。

気がついてみれば夜の11時をまわっていました。

もちろん、ただ一回会っただけで相手のすべてがわかる訳ではないでしょうが、この人は信用出来そうだという感触は持つことができました。

その後もタピさんとは、ドイツにあるアディダスの主力工場の実査のため、タピさんのプライベート・ジェット機でご一緒させてもらいました。

このアディダスの買収ファイナンスについては後日、フランスのＴＶ局であるＴＦ１のスタジオでインタビューを受けました。フランスのＴＶ局を代表するＴＦ１だったので、たいそう喜び、長いインタビューを期待していたのですが、放映されたインタビューは短く、少しがっかりしました。

また、タピさんから頼まれて一緒に日本に行き、アディダス製品を扱っている企業や、ＴＶ局など数社の企業のトップに会っていただいた事もありました。

欧州人脈が徐々に構築されてきた

フランスでの人脈作りは、マルソーの株主の多大なサポートのおかげで、順調に拡がっていきました。

同時にフランス企業の資金調達分野でも、ＥＤＦ（フランス電力）、Gaz de France（フランスガス公社）、Credit Foncier（住宅金融公庫）、ＢＦＣＥ（フランス外貿銀行）などの案件が続々取れるようになりました。

少しずつですが、フランスの人脈作りは拡がってきました。

やはりマルソーのペブロー会長を始め、綺羅星のごとく居並ぶ社外取締役の人脈は圧倒的でした。

彼らはこちらの図々しい依頼に対しても快く受けてくれました。

１９９０年、長銀本店から頭取の来仏が決まった時、ベレゴヴォワ首相にアポを取りたいがどうしたら良いだろうかとお願いした時も、後日「ワタベ、首相官邸には連絡を入れておいたから、貴方の秘書から首相の秘書に電話をすればアポは取れるようになっている」と事もなげに対応してくれました。

ベレゴヴォワ首相は、頭取に向かって、「貴方の銀行はマルソーの株主なのか？あそこはフランスやドイツ、イタリア等の代表的な企業が株主になっているから、是非、彼らとうまく付き合いなさい。ところで、わたしの日本の友人、タケシタは元気でやっているかな？　彼に会ったらよろしく言っておいてくれ」と話していましたが、その約束をわれわれが果たす前に彼は自分で命を絶ってしまいました。

話が面白く、人柄も抜群のベレゴヴォワさんが突然亡くなってしまったと知ってわたしは暫くショック状態が続いたのを覚えています。

マルソー投資会社はフランスの中でも「俊英」と呼ばれる金融マンが集まる投資銀行になっていました。

ある時、フランスの政財界人が集まる会合に招待され、わたしは日本から飛んで行きました。当時のフランスの大統領はジャック・シラク氏で、もちろんその会合にも出席していました。

フランスの有名人が集まる中に大統領が現れたわけですが、なぜか誰も寄っていきません。そこでわたしは図々しくそっと近づいて「ボンジュール、ムッシュ・プレジダン（こんにちは、大統領）」と話しかけました。

その時にわたしはシラク大統領にフランス語で「わたしは、今はマルソー・インベストメントで働いていますが、日本では『エル・テー・セー・ベー』の人間です」と言いました。これは英語で言えばＬＴＣＢ（Long-Term Credit Bank of Japan）、つまり長銀のことです。

シラク大統領は「ああ、知っているよ」と笑顔で答えて下さいましたが、わたしも笑顔で「いやあ、大統領がご存知のはずはありませんよ」と返したのを覚えています。

ただ、後で思えばシラク大統領は長銀の名前に記憶があった可能性があります。なぜなら、わたしがフランスで足しげく通っていた相手は、フランス銀行総裁、ECB（欧州中央銀行）総裁を歴任したジャン＝クロード・トリシェ氏です。トリシェさんは仏中銀総裁をされた後、２００１年から２０１１年まで欧州中央銀行総裁をされた方で、ペブロー兄弟とも仲が良かったのです。

そのトリシェ氏が２０１４年に日本経済新聞で連載した「わたしの履歴書」の中には、ジョルジュ・ペブロー氏の名前も出てきました。

わたしはトリシェさんが仏中銀副総裁の時に何度もお会いしましたが、フランスのエリートらしからぬ温和な方で、フランスにおける外銀の役目などを懇切丁寧に教えていただきました。

人脈はイタリアにも

イタリアにも人脈を広げるべく、やはりマルソーに紹介をお願いしました。最初にわれわれが紹介されたのは、カミリオ・デ・ベネデッティというイタリア屈指の金融家でした。

カミリオさんはこれがイタリア人かと思うほど至極真面目な方で、決して偉ぶらず、彼を知るイタリアの多くの財界人は皆、彼を尊敬していました。

後日、非常に親しくなったイタリア産業復興公社ＩＲＩ総裁で、１９９６年イタリア首相、更にはＥＵ委員長になったロマーノ・プロディさんを、カミリオさんはわれわれに紹介してくれました。

プロディさんは東京に来るたびに、一緒に日比谷公園の角のビルの中にあった料亭に行き、大好きなすき焼きを楽しんでいました。

プロディさんはボローニャ大学経済学部教授をされていたことがあります。ボローニャ大学は元々、イタリアのボローニャにあるヨーロッパ最古の総合大学で、著名な卒業生の中にはかの有名なニコラウス・コペルニクスやグレゴリウス13世等がおります。

そのブロディさんから「ワタベ、ボローニャは住人の殆どがボローニャ大学の若い学生で、非常に旧いが活気のある街だ。是非行きなさい」と何度も言われ、ボローニャに何度も行きました。

ボローニャは大学の街であり、ステファノ・ビーに代表される靴の街でもあります。わたしはお土産にステファノ・ビーの素晴らしい靴をいただいた思い出がありまず。勿体ないのでまだ外出時に履いたことがありません。

また、プロディさんがＩＲＩ総裁の時には、日本とイタリアの企業がお互いの国に進出する場合は長銀とＩＲＩはお互いに進出企業を最大限サポートするという業務協定を締結しました。

カミリオさんはまた、従兄のカルロ・デ・ベネデッティも紹介してくれました。

カルロさんは世界的に有名な「オリベッティ」のオーナーであり、イタリアの大富豪の一人として知られていました。

カルロさんはフランスに本拠を置く自動車部品メーカーの「バレオ」の大株主でしたが、わたしにバレオのグタール社長を紹介するので会って来なさいと言われ、何度もグタール社長に会わせていただきました。

バレオは今日では売上げが約2兆円に迫り、販売先もBMWやダイムラー等、欧州の主要自動車メーカーはもちろんのこと、米国そして日本のトヨタ等数多くの自動車メーカーが顧客となっています。

一度、わたくしどもの頭取と一緒にカルロ氏のトリノの大豪邸にディナーに呼ばれたことがありましたが、相手がイタリアの大富豪なので、お持ちするお土産の選択に難儀をしました。

最初、立派な置時計にしようかという案が出ましたが、置時計などは立派なものが幾つもあるのではないかと頭取が言うので、最終的には月並みでしたが日本人形を持参することになりました。

われわれの乗った車が途轍もない大きな門を入って暫くすると豪邸が見えてきました。これまたビックリするような玄関の中に入ると、玄関の右側にはナポレオンが実際に使っていたという双頭の鷹のステッキと、ナポレオンがかぶっていたという帽子が大きなガラスケースの中に置かれ、玄関の左側にはゆうに高さ3メートルは超す素晴らしい骨董品の時計が当方を見ていました。

食事の後、ベネデッティ家を後にした時、皆で「置時計では危うく恥をかくところだったなあ」と話したことが懐かしい思い出です。

　またイタリアでは、フィアット社のジョヴァンニ・アニエリさんと弟のウンベルト・アニエリさんは、多くの日本の企業の方がご存知の通り、大の日本ファンで、日本に沢山の知人がいます。

　長銀も会長、頭取以下、アニエリさんご兄弟とはたいへん親しくさせて頂きました。何度か長銀ミラノ駐在員事務所からジョヴァンニ会長に会うためにK所長とトリノの本社まで、長銀ミラノ事務所の公用車であるフィアットの最上級車で行ったことがありましたが、新車である筈なのに、距離メーターが機能せず、どれだけ走っても走行距離はいつも０キロメートルになっていました。

　そのジョヴァンニ・アニエリさんは２００３年１月に、弟のウンベルトさんも翌年５月にガンで亡くなられてしまいました。

　美男子ジョヴァンニ、ウンベルト兄弟のことは、長銀マンのみならず、多くの日本のビジネスマンの心にいつまでも生き残っていると思います。

第2章

難局に際して

突然迎えた長銀の破綻

1998年10月に長銀は破綻しました。

わたしは長銀破綻の約4カ月前から、長銀とスイスの銀行の合弁会社であるUBS信託銀行会長として働いていました。

破綻以降、多くの長銀マンは必死に生活の糧を確保すべく新たな職を求めて悪戦苦闘した筈です。次なる職を探していたのは、後輩ばかりでなく、わたしの同僚・先輩もおりました。

わたしは長銀の若い人を長い間職場で見てきたので、彼らの優秀さはよく分かっていました。彼らであれば必ず新しい職場を見つけられるだろうと思いました。実際、この書のプロローグで書かせていただいた通り、若い人の大半は当初は大変な苦労をしたけれど、時間と共に彼らの実力に見合う職を見つけ、そこで大変な活躍をしています。

彼らの職業は、政治家、大学教授、上場企業の社長、外資系金融機関のトップ、医師、タレント等、実に幅広い分野に及びます。銀行時代よりもずっと活き活きとして活躍をしている人達も多く、改めて長銀マンの能力の高さに驚きます。

一方、年齢的にシニアの長銀マンは若い人と比べて経済面で苦労したのではないかと思います。

わたしも破綻の時には、思わず資金繰りを心配した人間の一人でした。

役員になってから給与は下がる一方だし、役員賞与なども殆んどもらった事はなし、更に役員退任時の慰労金もゼロ。経済的にみると役員になって損をしたという事になるのでしょうか。

それでもわたしの場合は、バブル期に海外にいたために余計な不動産を買ったり、ゴルフの会員権を買った事はなく、せいぜい自宅のローンが少しあった位でした。

あのバブル期の日本で何の投資もしなかったのは運が良かったのかも知れません。

一方、日本で働いていた同僚、先輩の中にはマンションを購入したり、ゴルフの会員権を買ったりしていた人間は勿論いたでしょう。

でも彼らは当然銀行は存在し続ける、だから給与もボーナスももらい続けられる、退職金も無論支払われると信じていたので、それらの買い物をしたのでしょう。バブル末期になって銀行の先行きが怪しくなってきた時、彼らは直ぐに借金返済のリスクを感じて、持っていた不動産やゴルフ会員権をどんどん処分し出した筈です。

だがバブルがしぼむ時の速さはものすごい速さなのです。

彼らが処分しようとしていた不動産やゴルフ会員権の値段はあれよあれよという間に彼らが取得した価格を大幅に下回ってしまいました。この様な状況下、経済的にもっとも悲惨だったのは役員だったかも知れません。

役員以外は退職時に退職金が出ましたが、役員の場合は全員がそれを辞退したのです。

わたしも残念ながら受け取りを辞退させていただきました。その後、役員の中にはかなり経済的に困窮された人がいたように思います。

外資系金融機関会長として給与がもらえたわたしは大変恵まれた人間だと思っています。

それ以降、わたしも自分が培ってきた人脈を通して微力ながら、先輩、同僚、後輩の就職斡旋のお手伝いをさせて頂いています。

中には斡旋した先の上場企業で、働き始めた旧長銀マンがその上場企業の役員に昇格した時には涙を流すほど嬉しかったのを思い出します。

取引も殆んどない一部上場企業のトップにベルギーから電話

ベルギーの合弁銀行で勤務していたある日のこと、ベルギー大蔵省からわたしに、大蔵大臣が会いたいから直ぐに来るようにとの電話が入りました。

わたしは合弁銀行のメンバーの中では34歳ともっとも若かったので、人違いではないかと思いましたが、思い切って図々しくも大蔵省に出かけました。

大臣の秘書に導かれて大臣の部屋に入りました。

大臣はワロン系（フランス系）なのでフランス語で話し始めました。話はこうです。

ベルギーでクリスタル・ガラスを作っている〝バル・サン・ランベール〟という国

内最大の国営クリスタル・ガラスメーカーがあり、クリスタル・ガラスの色付け技術は世界で一番だが赤字続きで困っている。何とかしたいと色々な専門家に相談したが、この分野で世界ナンバーワンは日本のHOYAだと皆言っている。ついては、貴方からHOYAのトップにベルギーの大蔵大臣がバル・サン・ランベール社を何とか助けてくれないかと言っていたと伝えてほしい――。

その時、若干34歳のわたしは、大蔵大臣から頼まれて断ることなどとても出来ません。何とかHOYAの社長に大臣の話を伝えたいと考えました。

オフィスに戻り、東京の長銀本店の関係部署に事情を説明し、何とかHOYAの社長にコンタクトしたいと話しました。しかしHOYAとは殆んど取引関係はなかったようで、ある支店が同社の経理部門の人であれば紹介出来るが社長などとんでもないという感じでした。

途方に暮れたわたしはすぐに会社四季報をめくり、HOYAのページを見ていました。一番上の欄に、鈴木哲夫社長の名前がありました。でも直接ダイヤルを回すにはかなり躊躇し時間がかかったと思います。こうなれば自分でダイヤルを回す他はありません。ダイヤルを回して、無意識のうちに「ベルギー・ブラッセルのニッポン・ユーロピアン・バンクの渡部と申しますが、秘書室の鈴木社長の秘書の方をお願いします」と言っていました。

秘書が出てこられて、「どのようなご用件でしょうか?」と言われたので、大蔵大臣から依頼されたという事を強調しながら、是非、鈴木社長にその件をお話しさせて頂きたいと伝えました。暫くすると、何と、鈴木社長が電話口に出てこられたのです。正直、感激しました。

鈴木社長に大臣との話を詳細に説明しました。鈴木社長は実に穏やかに丁寧に日本を含む世界のクリスタル・ガラス業界の話をしてくれました。

鈴木社長によれば、バル・サン・ランベール社は国営企業の為か、以前から色々な分野で非常に非効率なところが目立っていたという事でした。電話の最後に、どのようなサポートが可能か一寸検討してみたいと言って頂きま

鈴木哲夫氏（HOYA 社長＝当時）

した。電話は30分以上も続いたのを覚えています。

途中で合弁銀行のT社長がすぐ傍を通り、わたしがHOYAの社長と電話で話をしていることに驚き、電話終了後「君がそんな偉い人に電話をしたのか」と、ちょっと不機嫌そうでした。

バンコ・アンブロジアーノ銀行頭取の怪死事件

1982年のバンコ・アンブロジアーノのカルビー頭取の怪死事件を覚えておられるでしょうか？

欧州のメディアでは往時、連日、何週間にもわたってこのスキャンダル事件を報道していました。

日本でも何日にもわたってこの事件が報道されました。

ニッポン・ユーロピアン・バンクではバンコ・アンブロジアーノのルクセンブルグ子会社に融資をするべく交渉を行っていました。

わたしはその為に頻繁にバンコ・アンブロジアーノと連絡を取りながら融資の準備を行っていました。

基本的な条件等は既に決まっていましたが、融資実行の前提となる書類がわたしの手元に届いていませんでした。イライラしながら待っていたある日、新聞にバンコ・アンブロジアーノのカルビー頭取が外為法違反で逮捕――という記事が目に入ったのです。

違反金額は僅か数千ドルだったように記憶しています。

クレディ・リヨネから出向していたK副社長は、わたしに融資の実行は暫く待てという指示を出してきましたが、結局この融資は実行されませんでした。

その後、わたしは1981年9月には本店に戻っていましたが、翌年6月、新聞に衝撃的な記事が出たのです。〝バンコ・アンブロジアーノのカルビー頭取がロンドン、テームズ河に架かるブラック・フライヤー橋で首つり自殺!〟という見出しでした。

当然、たいへんなショックでした。同行ルクセンブルグ子会社向けの融資の担当者としてよく知っていたカルビー頭取が自殺するとは……。

この事件について、ほんの少しでも言及してある英語、フランス語、イタリア語で書かれた新聞・雑誌記事はすべてと言っていいくらい集めました。

段ボール1箱に入らない位になったのを覚えています。

このカルビー頭取の〝自殺〟について、当初スコットランドヤードは〝他殺〟ではない、としていましたが、再調査の結果、他殺だと結論を下しました。

カルビー頭取の背広のポケットには沢山の小石が詰められていた事もあり、単なる自殺とは余りにもかけ離れた状況である事から他殺と断定したようです。

暗殺の理由はマフィアとの関係が取り沙汰されていたフリーメーソンによる〝口封じ〟と書くメディアが多くありました。

フリーメーソンは友愛団体〝秘密結社〟であり、その会員数は全世界で600万人に上ると言われています。フリーメーソンの支部であるグランド・ロッジは世界各地にありますが、米国のグランド・ロッジに所属しているのは200万人ぐらいと言われ、英国のチャーチル首相やアメリカのケネディ大統領など大物の政治家もフリーメーソンのメンバーだったと言われています。

松本清張さんが小説の題材に

東京に戻って暫くすると、ある新聞社の方から「渡部さんはイタリアのバチカン銀行やバンコ・アンブロジアーノ銀行について詳しいとうかがっていますが、松本清張さんが是非、お会いしたいと言っています。会って頂けませんか」という電話が入りました。

松本清張さんは何故バンコ・アンブロジアーノ銀行やバチカン銀行に興味があるのかと思いましたが、わたしのようなサラリーマンでは通常、松本清張さんに会える機会はありません。これは絶好のチャンスだと思い、気軽に引き受けました。

その電話があった数日後、赤坂のN料亭で松本清張さんにお会いしました。

わたしはビジネス界を始め、様々な分野で多くの方々にお会いしてきましたが、松本清張さんはこれまでお目にかかった人の中でもっとも威圧感というか、存在感がある方でした。

少し耳が遠いせいか、どうしても話す時に大声になってしまうようで、当初はそれに馴れるまでは、何か凄く偉い人に怒られているような気がしました。

清張さんは料亭での夕食の間、イタリアのバチカン銀行やバンコ・アンブロジアーノ、そしてフリーメーソンのこと等、詳細に質問をしてきました。ご自身でも既に相当、勉強されていたようで、フリーメーソンの件では、その歴史に始まって、その中心メンバーにはどんな世界的な人物がいたかなど、驚くような深い知識と情報を持っていました。

清張さんは、わたしがフランス各地を回り、フランスの地理・歴史に詳しいと思ったのか、マルセーユから旧法王庁があったアビニオンそしてコート・ダジュールに点在するカンヌ、ニースの街や、ニースから20キロメートルも離れていないモナコ等の遺跡や美術館について色々とその歴史や特徴などを質問をしてきました。

ニース郊外にあるサン・ポール・バンスの村の話など嬉しそうに聞いてくれました。

実は後日、松本清張さんの『霧の会議』（上・下）が出版された時、清張さんが何故マルセーユからモナコに至るルートについて、それらの歴史や遺跡、美術館の事を事細かに訊いて来たのかわかりました。

『霧の会議』のストーリーは次のように始まります。

日本から来て、イタリアの美術学校で助教授をしている日本人男性と、日本で昔この男性と一緒に過ごしていた日本女性がどうしてもこの男性を忘れられなくて、日本からロンドンに飛んできて、テームズ川畔にある安宿に逗留します。夜中に階段を駆け上がって、隣の部屋に入った複数の男達と出くわした事からこのストーリーは始まります。

この男達はたった今、テームズ川で、ある人間を殺した後、その遺体の背広のポケットに小石を詰め、川にかかるブラック・フライヤーズ橋に吊るしてきた男達だったのです。この男達は隣の部屋の日本人にその事が見つかってしまったかも知れない、そうだとすれば消してしまわなければと考え、彼らはこの安ホテルの隣の日本人カップルを殺そうとすべく行動を取ろうとしましたが、異常な事態に気がついたカップルは、いち早くその安ホテルを逃げ出します。あとはこの二人の日本人を逃亡者として執拗に追って行く男達がロンドンからフランスへ逃げる二人を追って追跡するストーリーです。ページをめくるに従って、迫真迫る筆致に本当にドキドキします。

マルセーユからアビニオン等を通って、最後はモナコに行きますが、わたしが清張さんにお話しした街や美術館・遺跡の話がたくさん出てきます。

後で伺ったら、清張さんは自分は絶対にゴースト・ライターは使わない、必ず自分の目や足で確認すると言っておられました。

世の有名な小説家の中にもゴースト・ライターを使う方は結構いると聞いていますが、松本清張さんはさすがに別格です。

ちょっと親しくなった事を良いことに、調子に乗って「先生、折角ですから長銀のワリチョーを買って下さい」と頼んだら、「僕に入るお金は全部、出版社が持っていってしまっているから、出版社を紹介するから、彼らに頼んでよ」と軽くいなされてしまいました。

革命直後にイラン入りし、革命政府と出資返還交渉

ベルギーでの国際合弁銀行での勤務が終わり、ちょうど長銀本店の国際金融部に勤務していた時です。

多国籍の国際合弁銀行での厳しい融資業務で、欧州だけでなくアフリカ等にも何度も出張し、苦しい時期もあったので、これでやっと安全な国で腰をすえて外国の公的機関や企業に融資業務が出来ると張り切っていた矢先のことでした。

レストルームでたまたま、ベルギーの合弁銀行で社長をされていたある役員と鉢合わせしたのがいけませんでした。

「おい、久し振りじゃないか、実はお前にお願いしたい事があるので、後で俺の所に来てくれよ」と言われました。

北海道の北端生まれで、長銀三美男子の一人と言われたこの役員をわたしは大好きでした。ベルギー時代もアルジェリア、モロッコ、チュニジアやコートジボワール（象牙海岸＝アイボリーコースト）他の国々に何度もご一緒しました。

チュニジアでは3日間、飛行機に預けた彼の荷物が出て来ず、「下着はわたしが充分用意してきたので、使って下さい」と言ったのですが、「いま着ている下着を毎日洗うから大丈夫だ、有難う」と言って笑っていました。

仕事にはもちろん厳しかったのですが、どんな苦しい時でも、決して感情的にならず、部下を怒鳴り散らした姿を見たことはありません。

部屋に入ると、その役員はこう言いだしました。

「実は、長銀はイラン鉱工業銀行という所に革命の前に百数十億円出資しているが、噂によると今度、イラン革命政府が出資額の87・77%位を返してくれるらしい。この程度の返還額でもたいへんな額だ。何としても取り返したい。革命後もテヘランの街は混乱しているだろうし、どうやって革命政府とコンタクトするかわからないが、悪いけどイランに行ってきてくれ。一人バーレーン事務所から若手のボディガードを出すよ」。

滅茶苦茶な話だと思いましたが、その時はわたしの機嫌も悪かったのか、「やっぱりこういう事はエリートがやらずにわたしのような二等兵がやるんですかね。わかりました」と、捨て台詞のような答え方をして、部屋を直ぐに出て行きました。

むち打ちの刑も……

イラン鉱工業銀行への出資の経緯など大まかな事を聞いた後、とにかくテヘランに行って革命直後の様子を見て来なければならないと思い、日本を出発しました。

途中、バーレーン駐在員事務所に寄り、この役員から言われていたY君と会い、テヘランでの行動日程などの打ち合わせをしました。

この時、若かったY君も長銀破綻後様々な経験を経て、現在はM&A会社の社長として活躍しています。

われわれはバーレーンからドバイ経由でテヘランに入りました。

今回は取り敢えず〝ファクト・ファインディング〟という事で、いろいろな人に会い、現地の様子を知る事だと割り切りました。

確かにテヘランはたいへんな状況でした。

テヘラン国際空港で、われわれの乗った機体が駐機場に近づくと、空港ビルの壁一杯に、ペルシャ語と英語で「アメリカに死を！」というバカでかい垂れ幕が下がっているのが目に入りました。

その横にも「空港には出発の4時間前に来ること」と書かれた垂れ幕がかかっていました。

一気にわたしたちの緊張感は増しました。

手持ち現金やトラベラーズチェックの確認は厳重で、イランを出国する時には、イラン国内で使った現金やトラベラーズチェックの残額と領収書の額を足した額が入国した時の持ち込み金額と合わなければ出国が出来なかったり、厳しい検査のため大幅に出国が遅れることがありました。

われわれは金融関係に強い弁護士事務所に赴きました。そこで政府関係に人脈がある弁護士を紹介してもらうためでした。

最初に訪れた弁護士事務所は革命前は米国系の弁護士事務所で、事務所の外から呼び鈴を押すと、のぞき穴からわたしの顔を確認した後、事務所の中に入れてくれました。

あとでその事務所の秘書から聞いた話ですが、のぞき穴から見て相手がイラン人だった場合はドアを開ける前に頭にチャドルをかぶり、髪を隠すのだそうです。

女性である限り、イラン人であろうと外国人であろうと頭髪を見せぬようにする為チャドルをかぶることは義務になっていました。

確か、イラン大使とアポイントメントがあった日に大使館に行ったとき、大使はアポイントがあったにもかかわらず外出していました。

おかしいなと思ったら、後日、大使が謝りついでに話してくれたことに驚きました。

数日前、ある日本企業の幹部の夫人が朝、ゴミを出すのにチャドルをかぶらずに外に出てしまい、そこを取り締まりのために巡回していた宗教警察の〝黄色い車〟に捕まり、たいへんな事になりました。下された判決は何と、〝ムチ打ちの刑〟です。何回と言われたのかは忘れてしまいましたが、大使によれば、背中を鞭に1回でも打たれれば肉片が飛んでしまう位凄いものらしいのです。

「それでどうされたんですか?」。大使に伺うと、鞭打ちの刑を避けるため「わたしは売春をしてしまいました」という誓約書を書いて解放されたという事でした。

大使はその宗教警察との交渉などで時間を取られ、わたしとのアポイントはキャンセルせざるを得なかったとわかりました。

子供の革命兵士が「ホールド・アップ！」

弁護士事務所のお陰で最終的にはイラン鉱工業銀行の出資返済の交渉が出来る部署もわかりました。

第一段階の調査をほぼ終えた日の午後、時間があったので、パーレビー国王一家が住んでいた所に行こうという事になりました。

既に誰でも入れる広大な公園に変わっていましたが、パーレビー時代の栄華が偲ばれる物は建物以外には全くありませんでした。

われわれを見つけたチャドルをまとった多数の女子高校生達が、われわれの回りを囲んでいろいろな質問をしてきましたが、少し前にあの革命が起こった国の子供達とは思えないあどけない顔をしていたのが印象的でした。

そういえば、アルジェリア郊外の海岸の砂浜でティジ・ウズーという地方から観光バスで先生に連れられて旅行にやって来たベルベル人の女子大生達もこんな感じの純粋な女子学生でした。帰国後、その女子大生の一人が手紙と共に「押し花」を自宅に送ってきてくれたのです。

感傷に浸る時間もそれほどなく、1回目のファクト・ファインディングの後、今度はわたし一人で東京からテヘランに向かいました。

確か北京経由のイラン航空だったと記憶しています。

その飛行機の中で驚く光景を見ました。機体はボーイング747ジャンボ機でしたが、北京空港でタラップを上がりながら見ると、車輪はゴムがツルツルの状態に見えたし、機内にはファースト・クラスの場所は前方に確かにありますが、すべてエコノミー・クラスなのです。

座席の前に付いている小さなテーブルは壊れて、膝の上で支える感じのものが多くありました。

しかしこれ位ではアフリカの国々を数多くアフリカ・エアーラインで飛んでいたわたしは驚きませんが、このジャンボ機が離陸すると、座っていた乗客の多くがわれ先にと通路に座り、機体が空中に上がった瞬間、両手を挙げて〝アラ～!〟と叫んだことにはびっくりしました。彼らはまた、機体が着陸した時も同じように〝アラ〜！〟と叫ぶのです。

2回目からは財務省に出かけ、返還交渉を始めました。

しかし彼らと交渉する時には、必ず革命防衛隊の銃を持った兵隊が部屋のドアの所に立っていました。

これも馴れると大したプレッシャーに感じなくなり、話し合いが終わり部屋を出ていく時には、「じゃ、また」という感じで彼の肩をポンと叩いたこともありました。

街のレストランに財務省の人間から夕飯に招かれたこともありますが、レストランの部屋の隅には必ず革命防衛隊の兵士が銃をもってレストランに来ている客を見回していました。

女性客が食事中に一寸チャドルがずり落ちて、チャドルを元の位置に直そうとした時に、頭の髪を見せようならば、直ぐにそちらの方をジロリっと見ます。緊張の瞬間です。こんな経験があります。ある時、わたしがテヘランからフランクフルトに行くことになり、ルフトハンザ航空に乗りました。

ボーディング・ブリッジから機内に入って来たドイツ人の女性がわたしの近くの座

席に座りましたが、座る直前、頭に着けていたチャドルを掻きむしり、力任せにそれを座席に叩きつけたのを目撃しました。

テヘランに行くたびに実にいろいろな方とお会いし、イランの実情などをヒヤリングさせていただきました。

革命防衛隊のお兄さん達も最初は実弾の入った銃を持っていたのでかなり緊張し怖かったものですが、何度も会うと非常に親しくなって冗談も言えるようになりました。

それに伴って交渉の方もどんどん進展していきました。

しかし安心は禁物で、一度テヘランに駐在している読売新聞の記者の方のご自宅に呼ばれたとき、その自宅に向かう途中で記者の方が「ワタべさん、いま後ろに黒い車が付いていますが、止められたら両手を挙げて先方の言うとおりにして下さい」と言われました。「え〜っ」と思った瞬間、自分たちが乗った車の真横に車が止まり、「ホールド・アップ」と言ってきました。言われた通り、両手を挙げると、「パスポートを見せろ、荷物の中を見せろ」と言ってきました。よく見ると日本でいえば高校生位の子供達でした。

ただし皆、銃を持っており、相手が子供だけに怖いのです。

無事解放された後、記者のご自宅に行き、イラン国内の様子や革命防衛隊との交渉の注意点など教えてもらいました。

この記者は、イラン政府からはたびたび呼び出しがかかり、来週の何日にはイラクとの激しい攻防戦がどこどこであり、そこに行くがお前も取材で付いて来い、という依頼というより命令が来ると言っていました。イラン・イラク戦争の真只中でした。

実はわたしはその翌朝、テヘラン空港からドバイ経由で日本に帰る事になっていました。

翌朝、9時発の飛行機に乗るため、朝3時前に起きて遅くとも4時にはホテルを出る予定にしていました。

出発の4時間前までに飛行場に来いという事になっていたからです。

チェックアウトのため支払いをしようとすると、なんとお金が足りません。

東京との国際電話料金が法外で払えなかったのです。するとイラン人のタクシー運転手が近寄って来て、「俺が払ってやる。飛行場までもタダで送って行ってやる」と言うのです。

わたしは余りにも有難い申し出だったので、図々しく「有難う、必ず返しますのでお願いしますと」と言いました。今考えると、よく言ったものだと恥ずかしくなります。

飛行場に無事に着いた時、「住所と名前を教えてほしい」と言いましたが、彼は固辞しました。わたしは自分の名刺を取り出し、昨晩ご自宅にお邪魔した読売新聞の記者宛に、「わたしの不注意でホテルの宿泊代とテヘラン空港迄のタクシー料金をこの運転手さんに借りてしまいました。長銀に戻りましたら直ぐにお返ししますので、この運転手さんにこの金額を払って頂けないでしょうか」という趣旨の事を書いて運転手さんに渡し、記者のお宅に行ってもらいました。

この時の事は絶対に忘れないよう今でも心に刻み込んでいます。

異様な雰囲気での交渉

革命政府とのイラン鉱工業銀行の出資金の返還交渉は実に上手く行き、当初の交渉通り、返還金額が決まりました。革命政府のお偉い方から日本のわたしの自宅に直接、電話が入った時に、ダメもとで上積みをお願いしたら、何と、ＯＫを頂いたのです。

その後も何回か電話で彼と話をしましたが、最後は笑って会話が出来るような雰囲気になっていました。

実は、テヘランにある財務省の立派であるけれど薄暗い部屋で、彼と初めてお会いした時の印象は忘れられません。

軍服姿で椅子に腰かけ、横にはやはり軍服姿の部下が座って、ひたすらこちらを鋭い目つきで睨んでいました。彼は一言も話しませんでした。

部屋の隅には肩に銃を下げた兵士が立っていて、やはりこちらを見ていました。

この異様な雰囲気は実際に経験した人でなければその怖さは理解出来ないだろうと思います。

このように怖い思いはその後、何回もありましたが、出資金はとにかく取り戻せました。終わり良ければすべて良し、ということで、懐かしき銀行時代の武勇伝の一つです。

この出資金の返還が上手く行ってから、本来業務に戻っていたとき、ある日、三菱化成と日商岩井の偉い方たちが、どこでイラン鉱工業銀行出資案件の事を聞いたのか、上司を通じて「渡部さんに是非、われわれのイランでの合弁会社『イルニップ』も同じような問題があるので助けてほしい」といってこられました。

ＩＲＮＩＰ（イルニップ）は１９７３年に設立した日商岩井（26・１％）と三菱化成（23・９％）のイランにおけるＪＶ（共同事業体）で、可塑剤を製造していました。

この案件もわたしの上司が気軽に引き受けてしまい、わたしはイランで再び、東奔西走することになりました。

また交渉の詳細を書くと長くなるので省略しますが、この案件も成功裡にやり遂げる事が出来ました。

第3章

長銀・杉浦敏介

杉浦氏は投資銀行を目指していた？

１９６８年（昭和43年）にわたしは日本長期信用銀行に入行し、１９９８年（平成10年）に破綻するまでの30年間を長銀でお世話になりました。

ご存知の通り、長銀は１９５２年（昭和27年）に誕生しました。終戦（１９４５年＝昭和20年）から7年後のことです。

戦後の経済復興にあたって、製鉄や造船などの重厚長大産業に長期資金を優先的に供給するために「金融債」という債券を発行し、企業に資金を貸し付けていました。しかし、大企業が株式や社債で直接、市場から資金を調達できるように金融構造の変革が進んだことや、バブル崩壊の影響で巨額の不良債権を抱え込んだため、98年に経営破綻に追い込まれました。

わたしが非常にお世話になった方の一人が、１９７１年から89年まで長銀で頭取・会長を務めた杉浦敏介さんです。

杉浦さんはバブル期に会長を務めていたことから、世の中には、今でも杉浦さんの責任を問うようなことを言う人もいるようです。

しかし、わたし個人の印象は違っていて、杉浦さんは立派なビジョンを持つバンカーでした。そのビジョンを実行できたとすれば長銀は破綻しなかったのではないかと思っています。むしろ、そのビジョンを部下に徹底できなかった、実行できなかったことに問題があったのかな、と今も思うぐらいです。

というのも、他の日本の銀行は皆、商業銀行でしたが、杉浦さんが目指していたのは、新しい形の「マーチャントバンク」というものだったからです。

今で言うならば、米国のモルガンスタンレーやゴールドマン・サックス証券のような、投資銀行を目指していたということです。

今は投資銀行という言葉も一般的になりましたが、今風の「インベストメントバンク」ではなく、「マーチャントバンク」という言い方をしていました。

今ではどこの銀行もマーチャントバンクを目指すということは言っています。ただ、投資銀行というのはプロフェッショナルの集団なのです。プロ集団ですから、いろいろな技術や情報、人脈を併せ持った人の集団、組織ということです。だから、本来の投資銀行は人事異動がなく、その道一本の専門家集団なのです。

日本の銀行にありがちな、わずか3年や4年、その部門を経験しただけで次々と他の部署に異動していったら、とてもプロフェッショナルとは思いません。

本当の投資銀行マンになるには、例えば、日本では有名な欧米の投資銀行であるGS代表のM氏のように、ずっと投資銀行業務に携わってきた人の歩いてきた道を見るとわかります。GSのようなグローバルに投資銀行業務を行っている会社は、世界で起こっているM&Aのうねりや世界各地の企業情報を常時つかんでいる人達の集団です。

世界のグローバルな情報、プラスそれをきちんと分析できる能力、そして広範囲な人脈、そういう深掘りした技術や人脈が無いと本当のマーチャント・バンカー、インベストメント・バンカーにはなれないと思います。

パリで言われた杉浦氏の言葉

第一章で触れたように、1985年10月から92年6月まで、わたしはパリで勤務しました。

わたしはフランスという場所で、他の人とは違った体験をしました。他の人には絶対に出来ないであろう多くの素晴らしい経験もできました。パリでいろいろ勉強してきたことが、後々役に立つのですが、当初は喜んでパリに行ったわけではありませんでした。

「渡部君、今度パリに行ってもらうことになったよ」

1985年のある日、当時、銀行からこう言われて、わたしの頭は真っ白になりました。

長銀に限らずどの銀行でも、銀行の国際部に勤務するものにとって実際の業務があるニューヨークやロンドンで働きたいというあこがれを持っていたと思います。わたしもフランスに留学していたのでいつかはフランス勤務になるだろうと思っていましたが、実際、目の前でパリ支店に行ってくれと言われると、いささかショックでありました。

その辞令は今から考えると実力相応の結果なのですが、当時のパリ支店の役割とい

1990年長銀パリ支店長室にて。支店長になったばかりの頃の筆者

うのは、言い方は悪いですが、シャンゼリゼや凱旋門など、日本の企業のトップがフランスにやって来た時にお供をする観光案内人のようなものでした。

周りはみんな「渡部君、良かったな、パリだってな。シャンゼリゼ、ムーラン・ルージュ、エッフェル塔の観光はできるし、おいしいフランス料理に舌鼓も打てる…」と言うのですが、わたしにとってはそういうことを言われると非常に腹立たしい気持ちでいっぱいでした。

ところが、杉浦会長がフランスを訪ねた際、「渡部君、何が不満なんだ」と厳しい表情でわたしをにらむのです。なぜわたしはパリに来なければならなかったのか、とわたしのショックな様子を見て、杉浦会長も「しっかりしろ」とハッパをかけてくれたのではなかったかと思います。

「長銀は1952年（昭和27年）にできた後発の銀行だ。米国ではよくやっているが、しょせん、三菱や三井、住友などに比べると立ち後れている。ところで欧州を見ると、どこの都銀も、日本の企業も十分なビジネスができていない。これは欧州はECが12カ国あり、言語も法律も税制もおのおの違うということで、米国等で先行している日本の銀行も、また企業も十分、この欧州市場に入れていないのだ。だから長銀はアメリカでは遅れをとっているけれども、ここの欧州ではほかの競争相手である銀行と全く今は対等だ。だからほかの邦銀が出てくる前に人脈を構築して、日本企業のビジネスに貢献できるような情報を取れ。そうすれば他の邦銀との差別化が欧州では図れる」

「アメリカはシングル・ランゲージ、英語だけだが、欧州は12カ国全部言葉が違う。税制も法律も国や地域ごとに違う。そんな面倒な地域には、まだ日本企業も十分進出できていない。だからこそ、やる価値があるのだ」

「M銀行、S銀行、N銀行、F銀行が揃ってパリに確かに進出しているけれども、日本企業向け貸し出しはほとんどなく、彼らのバランスシートを大きく膨らませているのは大半が銀行間の資金取引きだ」

「われわれはそんなことをやるためにパリに来たのではない。他の邦銀と差別化できるような技術、情報、人脈を作り上げるのだ」と、杉浦会長は意気込んでいました。

しかし、いつも「経済の国際化は必至」と言い続け、海外出張も優に百回を超える杉浦さんでも投資銀行業務は経験したことがありません。もちろん、わたしも経験がなかったのですが、まずは30億円の資金を出すので投資銀行業務のとっかかりを作れ、と言われて、わたしがパリに赴任することになったのです。

ペブロー・パリ国立銀行総裁と杉浦・長銀会長の共通点

日本の銀行のトップは取締役会への出席、取引先等への訪問、経団連や業界の会合への出席、取引先の接待、慶弔祭事、関係部店からの銀行内外で起こっている重要情報の説明等、日常の業務運営に常に忙殺されているようです。

そのためでしょうか、残念ながら、トップの自分自身によるイニシアチブで、銀行のビジョン作りや内外の人脈作りをしているようにはとても見えない感じです。

ここが欧米のトップバンクの首脳と大いに違うところです。

フランスでマルソーの会長、ジョルジュ・ペブローさんの弟であるパリ国立銀行の総裁、ミッシェル・ペブローさんにお目にかかって、総裁としてしなければならないことは何かお聞きしたことがあります。

ペブローさんは、それは第一に、経営の明確なビジョンを作り社員全員に伝えること、次に自身自ら積極的にフランス内外の政財界に人脈を作ること、必要とあらば自分一人でもフランスの大統領にも会いますと言っておられたのが強烈な印象として残っています。

そのためにペブロー総裁は常日頃、実に多くの政財界人や企業人と会っていたようです。

フランスでは日本でいうメインバンクなるものはありませんから、絶えず顧客にベストの提案を持っていかないと他の銀行に顧客を奪われてしまうのです。

ペブローさんと比べると日本の銀行の経営者はどうしても受け身の経営姿勢に陥っているなという印象を持ちます。これも日本独特の〝メインバンク〟というものに守られている（?）ゆえんかも知れません。

杉浦さんがわたしに言っていたのは、「長銀は若い銀行であり、長銀がメインバンクなんて言ってくれる企業などほとんどないと思え。そもそもメインバンクとは企業にとって最も良い提案を提供してくれる銀行だ。だから海外の一流投資銀行が持つような差別化の効いた金融技術力を磨け。そして人脈を広く深く構築しろ。そうすればおのずと長銀は企業から頼りにされる銀行になるんだ」というものでした。

杉浦会長の考えはどう受け継がれたか？

フランス勤務が終了した後、本店に戻り欧阿部長となりました。欧阿の「欧」は欧州で「阿」はアジアではなくアフリカのことです。既述した通り杉浦の後、長銀の頭取でアフリカに足を入れた頭取は酒井守、堀江鐵彌と二人もいます。

酒井頭取は杉浦も訪問したアルジェリアに、堀江頭取は往時治安が世界で最も悪かったナイジェリアの首都ラゴス、そしてコンゴ（旧宗主国がフランス）その他を訪れました。ナイジェリアはアフリカ大陸では最大の石油産出国であり、長銀はプロジェクト・ファイナンスで石油関連のプロジェクトも進めていました。
ナイジェリアの他にアルジェリアは勿論のこと、アンゴラ、カメルーン、ガボン等も石油資源が存在しているということでプロジェクト・ファイナンス部とコーワーク（協働）しながらこれらの国々に出張をしていました。

長銀のプロジェクト・ファイナンス部は海外からも非常に評価されており、まさしく杉浦さんが言っていた他の銀行との差別化に大いに役立った技術者集団でした。みなさんの中にはロンドンからフランスに来られる時に、英仏海峡をユーロスターで来られた方もかなりおられると思います。あの英仏海峡の下を通すトンネルを建設した時の大型ファイナンスを日本側でまとめたのは長銀でした。

堀江・長銀頭取（当時）とパリにて

長銀パリ支店もこのユーロ・トンネルプロジェクトに僅かながら協力しましたが、圧倒的な活躍をしてくれたのは長銀のプロジェクト・ファイナンス部でした。

わたしがパリ支店長の時に、パリ郊外にユーロ・ディズニーランドが建設されましたが、このプロジェクトも長銀が主幹事となりファイナンスをまとめあげました。斯様に長銀のトップは、他の邦銀のトップがとても足を入れないようなアフリカの国々にも自分の目で長銀にビジネスチャンスがあるか確かめに行ってくれましたし、プロジェクト・ファイナンスチームのように非常にレベルの高い技術者集団もよく動いてくれたと思います。

杉浦会長も、そのあとの頭取も、他の邦銀と同じような日本企業向けに伝統的な融資などをやっていたのでは、いわゆる「メインバンク」という問題もあり、なかなか旧財閥銀行を追い抜くことは出来ないと思っていたのではないでしょうか。

究極的には、グローバルに証券業務やM&A業務もできるようにしなければ、欧米の金融機関に伍して競争することは難しいと考えていたと思います。

多くの欧米企業と深く付き合いのある投資銀行や、証券市場で多くの投資家を持っている証券会社を買収したいという夢を持っていたのではないでしょうか。

残念ながら、杉浦敏介氏は2006年、94歳で亡くなってしまいました。もし私が天国で杉浦さんにお会いできる機会があれば、ぜひ議論したいなと思っています。

第4章

教育と勉学

フランス語との出会い

わたしは大学時代には英語が第一外国語でしたが、父親がドイツにいた事もあり、ドイツ語は結構、一生懸命勉強していました。

夏休みなど三田の図書館に毎日通ってドイツ語の本を読破していました。ところがある日、日比谷公園の交差点で信号の変わるのを待っていた時、なんとフランスの戯曲家で、NHKでもフランス語の先生として教えているニコラ・バターユがわたしの前にいました。

わたしは思わず「バターユさん、こんにちは！　どこへ行かれるのですか？」とフランス語で話しかけました。

フランス人にフランス語で話しかけるのは生まれて初めてでした。

「こんにちは」とか「どこへ行くのですか？」という位のフランス語であれば誰でも出来ると思ったのですけれど、バターユさん、「フランス語、上手ですね！　わたしはこれからＮＨＫに行きます。一緒に行きませんか?」と答えてくれました。

いつもの通り図々しくあとに従いました。

ＮＨＫまで途中の会話の内容は全然、覚えていませんが、ＮＨＫに着いたところで、「アナタはフランス語の発音が非常にイイですね。このフランス語の教材をさし上げますから頑張って勉強して下さい」と言われ、わたしに赤い薄っぺらな〝ソノシート〟が何枚か入っているケースのような物をくれました。

それからは、それを使って徹底的にフランス語会話を勉強しました。

手に持てるようなレコード・プレーヤーにソノシートを置いて聞くのです。

これで結構、急速にフランス語会話の習熟度が進歩した感じがしました。

それにも道理があります。

一寸話がそれますが、わたしはフランス留学でグルノーブル大学に入りましたが、時間が空いている時に音声学の授業に出た事があります。親しくなった音声学の教授から、日本人にとって音声学的に一番易しい外国語を知っているかと聞かれた事があります。わたしは英語ですかと答えたら、違うのです。一番易しい語学はスペイン語で、次がフランス語、その次がイタリア語だということです。

確かに、わたしがスペインのマドリードに行った時、「六カ国語会話」という会話の本を広げて、スペイン人に話しかけた事があります。

その時、そのスペイン人は「あなたはどこでスペイン語を習ったのですか？　発音が良い」と言われた事がありました。

ある人から、留学から戻ったら、初級程度のフランス語会話を教えてくれませんかと頼まれ、調子に乗って教えた事がありました。確かに、半年もすると発音もよくなり、日常会話程度であれば十分通用するほどでした。

フランス語がかなり、わたしの武器になった事は事実だと思います。

日本人は英語しか外国語は喋れないと思っている海外の人は多いのです。それだけに、わたしがフランス語で喋り出すと、海外の人は皆驚いたような顔をします。

わたしがいま働いている外資系金融機関はロンドンが本社ですが、一昨年、海外のトップを集めて、フランスのカンヌ近くの海岸にある、〝キャップ・フェラ〟という素晴らしいリゾート地でオフサイト・ミーティングを行いました。そのホテルは昔、ピカソの夏の定宿になっていたとホテルの支配人は言っていました。海外トップの中にはフランス代表もいて、休憩時間に彼とフランス語でおしゃべりしていたら、皆集まって来て、こちらの顔をじーっと見ています。特にアジアの代表メンバー達は驚いてこちらを見て、会議の最後にはどこでフランス語を習ったのか、両親のどちらかがフランス人なのかと勝手な質問をどんどんしてきたのを覚えています。これも彼らと親しくなる一つのツールであれば嬉しいと張り切ってフランス語で話をしていました。

今でも娘とはフランス語で話そうとするのですけれど、あまり相手にしてくれないので寂しい思いをしています。

日本の教育問題に物申す

最近いろいろな会で教育問題が議論されますが、わたしもよく「渡部さんはフランスの教育を見習うべきだと言っているようですが、どのようなご意見をお持ちなのですか?」と訊かれる事が多くなりました。

もともとフランス留学に興味を持った理由の一つが、フランス人のディベートの上手さは何故なのかと思ったからでした。

もっともフランス人ばかりでなく、ドイツ人他ヨーロッパの人たちは議論上手だとわたしは思っています。わたしは対話技術を指導する専門の人間ではまったくありませんが、日本人は政治家の皆さんも、企業のトップの人たちも、更に学生も残念ながらディベート力はかなり不足していると言わざるを得ないと思っています。

わたしが長銀パリ支店に赴任した時、小学生だった息子は将来の進学の事を考えて、日本人学校に編入させました。

娘はまだ3歳だったこともあり、現地の私立幼稚園に入れることにしました。現地校に入学した娘の授業参観に何度か行ったことがあります。

授業中に男の子が前の座席の女の子の髪を引張ったり、その他悪さをしているのに気がついた女性教師は、女の子の髪を引張って泣かせた男の子を自分の前に来させ、授業参観に来ていた父兄の目の前で男の子の手を強くピシャリ！　と叩きました。

教師はメソメソ泣き出した男の子に、何故悪さをしたのか執拗に聞き、最後は必ず女の子に謝りなさいと言い、誤ったところで二人を握手させました。

その間、両方の子供の親はずっとその様子を見ていただけでした。

一方、ある日、パリの日本人学校でも授業参観があったので、妻と一緒に出席しました。授業が始まって少し経つと退屈したのか低学年の子供達はぺちゃくちゃ話し始め、次第にそれがエスカレートして来て、消しゴムを他の席の子に投げるようになってきました。

日本人の先生も壁の花のように立って授業を見ている父兄も何も言いません。見るに見かねて遂にわたしは走り回って物を投げている子にめがけて「こら、何をしてるんだ！　ちゃんと先生の話を聞け！」と大声で叫んでしまいました。

横にいたわたしの妻はわたしの顔を睨みつけて、「よしなさい、恥ずかしいじゃない！」と、小声ですがむっとして言いました。この〝事件〟は後でパリ日本人会で噂になり、「あの大きい声で怒った方、長銀の支店長さんよ」という話になってしまったようです。

わたしは教育現場で出くわしたこの二つの事例を非常に興味深く捉えています。

是非一度、教育関係者には議論して頂きたい面白い事例だと思います。

単純な事例かも知れませんが、多くの示唆に富むポイントが含まれていると思います。

特に最近、齢を重ねてきたせいか、日本人のモラルの低下が恐ろしいと思うようになりました。

例を挙げればきりがありませんが、電車に優先席があっても座っているのは、どう見てもその席が必要とは思われない人たちです。

ベルギーでわたしの妻が妊娠7~8カ月の時、バスが来たので乗ったところ、運転手さんがバックミラーから、「そこの学生さん、お腹に赤ちゃんがいる女性に席を譲りなさい」と言ったらしい。妻によれば、運転手さんが言う前に学生さんは席を譲ってくれたという事です。この様な事はヨーロッパの国では当たり前なのです。

東京の電車に乗ると、座っている人を見るとほとんどすべて眠っているふりをしているか、スマホを操作しています。

パリのメトロの中で座っている人たちはほとんど本を読んでいますが、東京ではおよそそんな感じの風景に出会うことはありません。

時々、朝の電車に乗ると混雑している中、肩が触れた触れないで喧嘩をしているサラリーマン。また電車の中に「痴漢は犯罪です」という張り紙を見たフランス人がわたしにこれはどういう意味かと聞いて来ました。

わたしはフランスには痴漢は存在しないのでこの日本語に相当するフランス語はないですよと答え、一応どういう行為かフランス語で説明しましたが、そのフランス人女性はキョトン。何故そんな事をしなければならないのか、と質問してきたので、横にいたわたしの友人が「精神病の一種ですよ」と答えていました。

わたしのもう一つの懸念は、最近、日本では若年層の凶悪な犯罪が激増している事です。わたしは犯罪を研究している犯罪学者ではありませんが、青少年の犯罪も教育問題と強くリンクしていると思います。

なぜフランス人はディベートが得意なのか

わたしのフランス留学の理由の一つに、フランス人のディベート力の強さの秘密が知りたい事だったことは前述した通りです。

この章の冒頭に、わたしの娘の幼稚園の話に触れましたが、ある日、娘が宿題をどうしたらいいかわからないので手伝って欲しいと言ってきました。

宿題の内容は作文で、テーマは「お月さま」の一言だけでした。まだ5歳にも満たない子供に難しい宿題を出すわね、と妻は不満顔でした。当然、フランス語で書かねばならないため、妻はギブアップで、わたしが手伝うことになりました。

わたしは妻に「先生は何も解答を出せと言っていないよ。娘が月を見てどんな事を想像するのか知りたいと思っているんだよ」と話しました。

その幼稚園では、有名な詩人の短い文章を子供達に徹底的に暗記させていたので、毎晩、食事の後にその暗記のサポートで親もたいへんでした。

娘は2歳半からフランスにいて、3歳から現地の学校に通い始めました。当時、その学校に通う日本人は娘一人でした。

つまり、完全なフランス流の教育を受けたわけですが、日本の教育しか知らなかったわたしは、フランスの教育には非常に強い感銘を受けました。

日本の教育とフランスの教育には、非常に大きな違いがあります。それは、頭の使い方、頭の訓練の仕方に違いがあるのです。

例えば、前述のようにフランスでは「la lune（ラ　リューヌ）」、つまり月というテーマを与えられ、そのテーマについて自由に文章を書きなさい、という宿題が出されます。

この類の宿題は、日本人が最も苦手とするところだと思います。

ですので、外国の学校に通うお子さんをお持ちの日本人の親たちは、こうした宿題が出されると、「何を書こうか？」と、お子さんの宿題を手伝っている人も多いと聞きます。

日本人の発想だと、どうしても、三日月型から始まって、だんだんと月が満ちて満月になって……と天文学的に正しいことを説明しようとします。つまり、ありきたりな発想になってしまうのです。

ところが、フランスの子供というのは「月には、お姫様が住んでいて……」という発想から始まり、その月が落ちたら、こんなことが起きるなど、イメージを膨らませていくのです。

決まった答えを求める日本、創造性豊かな答えを評価するフランス

フランスの教育では、与えられたテーマに対する〝決まった答え〟は存在しないという前提があり、自由な発想で、自分が正しいと思う考えや意見を述べる力を培っていくのです。

しかし、日本の教育は違います。問いに対する答えは決まっている、という教育だからです。

この教育方針は、18歳で大学入試をするまで変わりません。だから、日本の教育は暗記中心になってしまっているのです。

娘がさらに上のクラスに進むと、更なる長い文章の暗記を、フウフウ言いながら頑張っていましたが、自然と本が好きになり、議論好きにもなったようです。

その結果かどうかわかりませんが、今では親の中途半端な説明では決して納得しな

いうるさい娘になってしまいました。

日本では先生から生徒への一方通行の授業が多く、先生が一方的に話している事が目につきますが、フランスではとにかく生徒達に話をさせる授業が多いのです。

これがディベートが得意になる大きな要因の一つであると思います。

わたしが留学したグルノーブル大学でも、最初は一人一人学生にテーマを与え、その課題について自由に学生に話させました。これには相当な語学力を必要とし、わたしなど劣等生の外国人留学生はそのディベート授業にキャッチアップ出来るように毎晩2時、3時まで勉強しました。


わたしは、長年、日本の教育は間違っていると感じてきました。

というのも、本当に必要な能力とは、創造性を養うことであり、暗記力を高めることではないからです。

フランスの教育で創造力を鍛えてきた子供は、月というテーマを与えられたら、現実の世界ではあり得ないことも自由に発想し、映像を思い描き、話を膨らませていきます。

こうして豊かな発想力を持った子供は「小説を書いてごらん」と言うと、小学生でも素晴らしい小説を書く能力を持っています。

月に乗って、英仏海峡を越えて、飛んでいる間に何に出会ったか、といったことも詳細に文字にしていくのです。

暗記ではなく、創造力を鍛える教育を受けているフランスの子供達は、数学が得意です。

というのも、数学というのは暗記する学問ではないからです。例えば、数学には幾何学というジャンルがありますが、図形や空間の性質を研究する幾何学は創造性に富んだ学問です。

決まった答えを暗記する〝詰め込み式〟の教育ではなく、〝頭を使って回答を導き出す〟教育は、新たな発明、新たな事業の創出にもつながるはずです。

社会が本当に求めている能力とは、こういう能力なのだと、わたしは確信しています。

少子高齢化時代にはグローバル人材が絶対必要

日本の大学生の勉強は甘いと心から思った頃です。

ディベートの授業でフィルムの入っていないカメラの前で10分間、自分に与えられたテーマを話すのは、要求される語学力も含めてたいへん厳しいものがありましたが、後でたいへん役立つものでした。

既述したフランスでアディダスの買収ファイナンスが終了した時に、フランスのテレビ局ＴＦ１からスタジオに呼ばれました。

スタジオに入って先ず事前打ち合わせで、細かな筋書きやカメラ目線はどうするか等の話があった後、収録に入り、慌てることもなくスムースにことが運びました。

実際のオンエアーの時間は事前の打ち合わせからすると一寸短かったのでがっかりしましたが、良い経験になりました。

その後、今度はシラク大統領とチュイルリー宮殿（現在、仏財務省が一部使用）の立派な広間で招待客の中で一番目にお話しが出来ましたが、この時も気持ち良く大統領と話をすることが出来ました。因みにこの機会も、マルソーがセットしてくれたものでした。

日本の大学では、ほとんどが先生から学生への一方通行の授業で、せいぜい少人数のゼミで先生と本格的な議論をするというのでは、とてもグローバル・ベースの競争では勝てないと思います。

それと日本はご案内の通り、少子高齢化という極めて大きな問題を抱えて、今後、日本国内での経済成長は明らかに限界があり、どうしても海外で海外企業と競争していかざるを得ないと思います。

そのシナリオが上手くいくためにはどうしてもグローバルな人材が絶対に必要です。

この本の中でベルギー・ブラッセルでの合弁銀行の話を紹介させていただきましたが、長銀が合弁形態を解消した途端に、長銀1社ゆえに案件等が簡単に決められることになりましたが、外国人と対等に外国語で議論できるグローバルな人材がいなくなってしまったなど、失った代償は大きいものがありました。

現在、東京大学で総長室アドバイザーとしていろいろな企業を訪問し、資金の寄付の話ばかりでなく、企業のグローバル化というテーマでも自分の過去の海外での経験も含めてお話しさせて頂いていますが、どこの企業でも更なるグローバル化に向けてご努力をお願いしたいと思っています。

〝教育〟と〝グローバル化〟という二つのテーマはわたしの生涯のテーマでもあります。

アメリカ人と互角に渡り合うフランス人

フランスの教育を知ってから、日本の教育のあり方に疑問を抱いてきました。今後、日本が成長しつづける国であるためにも、日本の教育を変えなければいけないと思っています。

以前、都内の大学で授業を持つ機会があったときは、学生たちに直接、わたしの経験も踏まえた教育論を伝えてきました。

大学2年生以上を対象に講義を行っていたのですが、学生たちに伝えていたのは、これからの大学生活の中で何をすべきか、ということです。

その大学には、暗記中心で入学できる国内トップの国立大学に入学できず、第二志望で入学している学生も多くいました。

そこで、そんな学生たちに、最初の講義で「がっかりしたような顔をしているけれど、そんなことはない。日本の教育は7~8割が暗記なので、第一志望校に入学した学生たちは、ただ単に暗記を頑張って入学できただけ。でも、これからは、暗記の勝負ではなく、創造性の勝負になる。その意味では、どの大学に入っても出発点は同じ。これから大いに創造性を発揮して、たくましく成長してほしい」と伝えました。

投資の仕事をしてきて感じることですが、社会で成功するのに、どこの大学に入学したかは関係ありません。大学でいかに勉強するか、そこからが勝負ということです。

頭が悪くて合格できなかったとは、人間、認めたくないものですが、暗記の努力を怠ったから……ということにすれば、自分が怠惰だったから合格しなかったのだと納得がいくものです。

学生たちには、その点を強調し、これからの勉強を大切にしてほしいと伝えていました。

起業し、会社を成長させている経営者と会っても、出身大学で勝負していません。自らの発想、志を原動力に事業を成長させています。

社会で成功するために必要なのは、学歴ではありません。

本当に必要なのは、たくさんの本を読み、多くの人に会って、議論することです。

わたしの授業を受けていた学生にも、この二つを勧めました。

まず、本を読む意義は、柔軟な考えを身に付けることにあります。

独り言でもいいので、本を読んで、内容に反論する。そうすれば、自分の脳を動かす訓練になります。

これを繰り返していくと「自分は、これは違うと思う」といった創造性の〝卵〟のようなものが芽生えてきます。

すると、暗記一辺倒の学習と違って、いろいろな発想が生まれてきます。

この訓練ができてくると、会社に入って上司の指示を受けても、ただ「はい」と答えて、従うだけでなく、「この仕事の意義は何か」「もっと良いやり方があるのではないか」と、より生産性の高い仕事へ繋げていくことができます。

志望校に入れなかったからと、沈んだ気持ちで学生生活を送るのではなく、そこからが勝負だと奮起してほしい。

気持ちを切り替えられたら、あとは創造性を発揮するために、たくさん本を読み、多くの人と接し、議論すれば良いのです。

グローバル社会において、日本人と欧米人の差は何かと考えると、それは教育の違いにあると感じます。

つまり、自分の意見をきちんと言えるか、言えないかということです。

フランス人がアメリカ人と互角に渡り合えているのは、答えを探して話をしているのではなく、積極的に自分の思いや意見を述べているからです。

日本人の場合、〝沈黙は金〟と考えて、喋ってばかりいる人は敬遠されてしまうものですが、世界に出れば、発言をしない方が〝アウト〟なのです。

だからこそ、海外の教育では、自分の意見や考えを伝える能力を徹底して鍛えられます。この能力がなければ、グローバル社会で生き抜いていけないからです。

日本の教育では、この能力を軽視してきたために、世界での発言力を失っていると感じます。グローバル化が進み、新興国の台頭もある中、日本が確固たる地位を確保するためにも、教育のあり方を早急に変えていかなければいけない時期に来ています。

大国アメリカ大統領と対等に渡り合うフランス大統領

わたしがフランスにいた頃の大統領は、ヴァレリー・ジスカール・デスタン氏（大統領任期1974年5月～1981年5月）でした。

デスタン氏は、48歳の若さでフランス大統領に就任し、在任中、母国・フランスでの先進国首脳会議（サミット）開催を提案し、75年に、それを実現させました。

当時、世界はオイルショックで揺れており、サミットでは石油危機への対応など、重要事項が話し合われました。

サミット開催においても、デスタン氏は、アメリカや西ドイツ、イタリア、日本など、各国に働きかけを行い、その政治力、存在感を発揮しました。

その彼の存在感に強い魅力を感じていたので、なぜ、フランスが好きなのかと訊ねられた時は必ず「フランスには、デスタン氏のように、強者にも真正面から対峙する姿勢がある。それに惹かれているのです」と答えていました。

当時、フランスの人口は5500万人程。ちなみに、当時の日本の人口は1億1000万人の人口でした。

フランスは日本のほぼ半分の人口にもかかわらず、マスコミの報道を見ても、フランスの大統領は、アメリカの大統領に負けないくらいの存在感を放っていました。経済力や軍事力でも格上の大国アメリカを相手に、デスタン氏は真っ向勝負で議論を挑んでいました。

だからこそ、わたしは、そのフランスの姿勢を学びたかった。強者にも負けず、自分の意見をはっきり伝える力を身に付けたかったのです。

翻って日本をみると、日本の企業のどんな偉い人でも、どんなに強い権力を持つ政治家でも、国内では強気な発言をしているものの、外国に対しては、自分の意見をきちんと言えていないのが現実です。

フランスでは、どの国へ行っても、政治家のみならず企業トップも、堂々と自分の意見を伝え、自らの要求を実現させようと行動します。

わずか数年の留学生活ではありましたが、その姿勢を習得するのが、わたしがフランスに留学した理由でした。

創造性を評価された書道と絵画

わたし自身は、小学生の頃から、書道と絵画を学んでいました。

創造性を大切にするフランスですから、この二つの嗜《たしな》みは、フランスに行ってから非常に高く評価されました。

とはいえ、書道を習っていたといっても、みんなと同じ書道には違和感を覚えていました。

書道は習っているうちに、みんな同じような字になっていくからです。きれいな字をお手本にして、お手本に近い字を書けるように鍛錬していくものですから、ある意味、それは当然のことでした。

けれども、わたしはだんだんとそれに納得できなくなり、「自分の字でないとつまらない」と反骨精神が出て、書道は〝渡部流〟と言いますか、お手本ではなく、自分が美しいと思う字を書くようにしてきました。

渡部流でも、造形上、きれいな字を書いていたので、それは日本人だけでなく、フランス人にも伝わるものでした。

日本では、よく「男の人なのに、上手な字を書きますね」と言われ、納得いかない思いもあったのですが、自分なりの美意識を持っていたことが、フランスで評価されたのです。

例えば、みんなの前で書道を披露すると、関心を持ってくれました。墨と筆で文字を書くことそのものも、〝クール〟と見えたようです。

小さい頃から手紙も墨で書くなど、日常生活の一部として書道をしていたので、日本の文化を感じとってくれたのかもしれません。

絵画にしても、みんなの前で白紙にサラッと絵を描くと、非常に喜ばれました。

創造性に加え、ゼロから何かを生み出すこと、また自らを表現することが大切なのだと実感します。

エリート中のエリートを育成するフランスの大学

日本人の感覚ですと、パリ大学を卒業したと言うと「すごいですね」と言われますが、フランスでは、パリ大学はいわゆる普通の大学で、フランスには世界に冠たる二つの一流大学があります。

それはフランス国立行政学院（École nationale d'administration、通称ＥＮＡ）とエコール・ポリテクニーク（École polytechnique）です。

ＥＮＡは、フランス語ではグランゼコール（Grandes Ecoles）と言います。

このグランゼコールと大学では、レベルがまったく異なります。ですから、数年間フランスに留学した程度のフランス語では、グランゼコールの授業にはついていけません。

ＥＮＡがエリート官僚を育成する文系の最高峰になります。

もう一つのポリテクニークは、グランゼコールの理系版で、理工系のエリートを育成する教育機関です。

わたしがフランス滞在中、大統領を務めていたデスタン氏は、ポリテクニークを卒業後、ＥＮＡに入っています。フランスの二つの最高学府の卒業資格を持っているので、エリートの中のエリートと言われています。

フランス元大統領のジャック・ルネ・シラク氏も同様です。

ＥＮＡもポリテクニークも、１１０人から１２０人しか入学できません。人口６６００万人の国で、百人程度しか入学できないわけです。

それと比較すると、日本の東京大学は３０００人入学できます。日本の人口はフランスよりも多いですが、それでも３０００人入学できる学校と、１２０人しか入学できない学校の違いには大きいものがあります。

しかも、日本には東京大学の他に、京都大学や東京工業大学、東北大学などもありますから、競争率が桁違いに高くなります。

ＥＮＡやポリテクニークのような一流学校に通うためには、狭き門をくぐっていかなくてはなりません。

日本でも開成学園や灘から東大法学部というルートがあるように、フランスでも、両校に入学するルートとして、リセ・アンリ＝キャトル（Lycée Henri-Ⅳ）やリセ・ルイ＝ルグラン（Lycée Luis-le-Grand）という有名な公立の高校があります。イギリスで言う、パブリックスクールで、イートン・カレッジのような存在です。ですから、まずそのリセ・アンリ＝キャトルやリセ・ルイ＝ルグランに入るのが大変です。

近世まで貴族が社会をリードし、文化を発展させてきたフランスですから、エリート教育が今も残っています。

彼らは、エリート中のエリートで、世界中どこにいっても通用する知性を備えています。その知性に加え、創造力も併せ持っているからこそ、人口6600万人と決して大国ではないフランスが、世界で大きな存在感を持っているのだと思います。グローバル社会が進む中、日本も世界での存在感を高めていかなくてはいけません。

そのために重要なのは、やはり教育です。

日本の教育には、暗記だけでなく、自分で考え、意見を述べる視点が必要です。社会に出たら、暗記だけで解決できる問題はありません。社会で求められるのは、暗記力ではなく、イノベーティブな創造力や営業力、行動力といった力です。

日本の教育で大きく間違えているなと感じるのは、生きていくうえで、肝心なことをきちんと教えていないということです。

もちろん、九九などの基本的な暗記事項は必要ですが、自分で考えることの大切さを教えてこなかったと感じるのです。

小さな頃から、暗記中心の教育ではなく、自分の頭で考える重要性を説いていたら、世界における日本のレベルは、もっと高くなっていたと思います。

第5章

日本が直面するリスクをどう考えるか？

いま、世界のリスクをどう考えるか

わたしもこうして皆様のご支援を得て、ここまで人生を歩んできましたが、日本の将来を考えると懸念もまだ存在しており、これを何とか解決しなければと思っています。

その懸念とは、日本を取り巻く国際的な政治、経済、社会のリスクがこれまで以上に大きく横たわっていることから生じているものです。

今、世界は激動の時代を迎えていると思います。昔では考えられなかったようなテロも頻発しています。

まず中東、イスラム圏の地政学的リスクについて触れます。

ＩＳＩＬ（イスラム国）というイスラム過激派集団の問題は、日本人の方２人が犠牲になったことで日本も無関心ではいられなくなりましたが、わたしは少し違う角度からこのＩＳＩＬの問題に触れたいと思います。

なぜＩＳＩＬの問題が浮上してきたかについては、メディアがあまり触れていません。

わたし自身、ずっと昔から、中東やアフリカについては仕事で関わってきましたし、勉強もし、何度も行きました。

２００４年１月、安倍首相が財界人を連れてコートジボワールやモザンビーク、エチオピアを外遊しました。なぜ、安倍首相はアフリカに行ったか。アフリカにはすでに中国企業が多数進出して、市場を攻略しています。

わたしが長銀を中心としたプロジェクト・ファイナンスで石油資源の開発をサポートするために最初にアフリカに行った１９７９年頃、すでにアフリカの奥地に中国は進出していて、道なき道を切り開いていました。わたしは当時、これは凄いなと思いました。

安倍首相がアフリカ諸国を歴訪したのは去年１月。ところが、ＩＳＩＬの問題が起こったのはご案内の通り、それからそんなに時間が経っていないときです。

これで安倍首相も、現地に進出している、あるいはこれから進出しようと考えている企業も「困った」と思っているはずです。中国は意外ときちんとした素地を現地に作っています。ところがこれから現地で商圏を拡大していくにはＩＳＩＬの問題が大きくのしかかります。

結局、背景にあるのは中国との競争です。安倍首相は中国には絶対、負けたくない。たとえば日本にとって、ブラック・アフリカの中で一番、日本企業が活発に動いているのはアルジェリアです。実はわたしがいた長銀は、アルジェリア政府から国の経済開発計画を何回か受託しています。日本の銀行の中でもこれを受託したのは長銀だけです。長銀はそれをきちんとやったのでアルジェリア政府との人脈のパイプが太くなりました。実際、わたしは大統領や同国の４大国立銀行の総裁にも、わたしの名前だけで会うことができました。

アルジェリアのソナトラックという同国で一番大きな石油公社にも長銀がいろいろなファイナンスを手伝いました。アジアの次はアフリカだと言って市場開拓の必要性が言われて久しいですが、日本企業にとってアフリカは「未開拓の地」でした。

それは未整備なインフラや政情不安などが要因にあります。その結果、中国や韓国に比べて日本企業は遅れていました。そこで安倍首相は中国や韓国に負けてはいられないと考え、2004年1月、企業各社のトップを連れてアフリカに行ってきたわけです。

アルジェリアの宗主国は皆さんご存知の通りフランスです。ところが今、アルジェリアにとって最大の貿易相手国は中国なのです。いかに中国がアフリカ市場を開拓してきたかがわかります。これはアルジェリアだけでなくて、たとえばナイジェリアなどその他のアフリカ諸国でも状況は同じです。

地政学リスク①アフリカ

ところで長銀はアルジェリアのあと、フランスの銀行とともに、西アフリカのコンゴ政府と共同でコンゴ商業銀行というものをつくり、日本企業の投資をサポートしました。コンゴは当時、インフラが未整備で、現地に日本の建機メーカーから製品を輸出しようとしても、売った後の資金回収に不安があるのでそのリスクを考えるとそれができませんでした。そこで輸入元の企業がL／C（信用状）を発行してそれをコンゴ商業銀行がリコンファーム（保証）すればどうか。しかし地元の銀行の保証ではとても日本企業は信用しません。そこで長銀がその信用を裏付けるために出資し、サポートをしたということです。日本からコンゴへの輸出はこれで活発になり、長銀はこのL／Cコンファームのフィー（手数料）だけでパリ支店の半分位の経費をまかなえるほどでした。

さらにその前の1977年頃、長銀が主幹事となり、西アフリカのガボン政府に対し、12年のローンを供与しています。日本の銀行がそんな昔からアフリカ市場を開拓していたことに驚かれることでしょう。

このほか長銀は、コートジボワール（日本語名・象牙海岸）に本拠を置くアフリカ開発銀行がアフリカのインフラ整備のために資金調達をする際に、よく主幹事に任命されました。

シリアをベースにしているISILに対しては米国のみならず、NATO（北大西洋条約機構）加盟の欧州諸国が空軍を使って攻撃を加え、必ず殲滅すると言っていますが、わたしはそれは不可能だという気がします。

現地に行けばわかることですが、アフリカ各国の失業率はオフィシャルでも30、40%という数字が出ていますが、実際にはそれでは収まらない数字だと思います。たとえばアルジェリアの失業率はもう7割を超えているのではないかと思います。

アルジェリアでは4人家族のうちの誰か1人が働いていれば一応は食べていけます。遊ぶところはないし、旅行をするわけでもないからです。生活は非常に貧しく、朝早くから多くの男が道路に座り込んで所在なげにぼんやりしています。ちゃんとした格好の日本人が側を通ると手を出します。お金を無心する意味でしょう。それだけ貧しいところです。

そういう場所にISILの人間がニコニコしながら一緒に加わらないかと言って近づいてくる。人の首を切って殺すことなど話す必要はないし、加わればお金を出すと言うから誰もが飛びつきます。その額は本当に一家族が2カ月ぐらいは食べられる額です。

だから彼らを武力では排除できないと思います。貧困をなくさなくては問題の根本は解決しません。確かに武力を使うことも必要かも知れませんが、同時に源になっているものを断ち切らなくてはダメです。植物も地上の部分だけ切っていても根が残っていたらまた生えてきます。この場合、根は「貧困」です。次に教育の問題もあるでしょう。これは日本だけでなく世界各国で対応しなくてはならない問題です。

地政学リスク②ロシア

次にウクライナの問題です。

この辺りにはもともとルーシ人という民族がおり、それがモンゴル帝国に征服され一時は絶えましたが、その後ルーシの西側、今でいう西欧諸国側の地域では騎馬民族のコーカサス族が出てきます。これが勢力を伸ばしてモンゴルを追い払います。一方、東側、特に黒海に突き出たクリミア半島には帝政ロシアが力を増し、東側を完全にロシアが征服します。後に、西側にいたルーシは、北側のポーランドの保護下に入りますが、帝政ロシアはポーランドにまで攻め込み、ウクライナの西側も完全征服したという歴史があります。

そのクリミア半島をロシアのプーチンはロシア領に編入しました。

ウクライナ問題では、日本の新聞などではロシアが一方的にひどいということが書かれていますが、歴史的な背景も見ていく必要があると思います。ここにはもともとロシア語を話す民族が住んでいるということです。ではなぜ問題になるのか。ウクライナには、特に東の方に豊富な地下資源があるからです。さらにクリミア半島は風光明美で避暑地としても人気があり、今でもロシアの富裕層はここに来ます。

一方、西側にはご存知の通りチェルノブイリがあります。

チェルノブイリの原子力発電所の事故（１９８６年）に対しては、今でもウクライナは毎年、国家予算の約１割を使っています。これが30年以上に亘って続いているわけです。だからウクライナは西側だけでは国がもちません。

ウクライナの大統領が大国ロシアに対して、ウクライナの東側を返してくれと言って、米国などに助けを求めているのはそういう理由からです。

米国や西欧諸国がウクライナ政府を応援しているのは、ロシアにとって黒海は地中海に出るための要所になっているからです。

ここを封鎖するとロシアは地中海に出ることができません。そうすればロシアの力はずっと抑えられ、欧州各国にとっての軍事的リスクも少なくなります。

つまりこの問題はウクライナの経済的な問題だけではなく、地政学的なリスクも踏まえた大きな問題をはらんでいるものなのです。

プーチンがクリミア半島をロシアに編入したのは2014年2月。2月に政変が起きました。プーチンは翌3月、わざわざ「政変を起こすことを決めたのは私だ」ということを言いました。なかなか狡猾な人間だと思います。

欧州各国はまた、エネルギー面でロシアに多く依存しています。特にロシアのガスは値段が安く、そのパイプラインがウクライナを通して欧州に入っています。料金の問題でパイプラインのガスが止められたときは、スイスなどの国にガスが入ってこなくなり困ったこともありました。

ウクライナを巡るエネルギー問題で日本が直接、困ることはないでしょう。しかし欧州の債務危機の上にこうした地政学的リスクが加わって混乱が起きると、日本には当然、金融面で大きな影響を受けるでしょうし、貿易等でも影響が出てくるのは間違いありません。

地政学リスク③中国

中国の軍事的な膨張のリスクはやはり無視できません。

南沙諸島の問題は言うまでもありません。中国はもちろん、ここはもともとわれわれの領海だと言っていますが、アジア諸国からは、インドと一部を除いて非難囂々だったわけです。ところが、わたしが習近平をなかなか老獪だと思うのは、これと時を同じくしてＡＩＩＢ（アジアインフラ投資銀行）の設立構想をぶち上げたことにあります。

一方で完全な侵略的行為を行っておきながら、他方で国際的な「中国のプレゼンスを高める」ための施策を打ち出しています。

アジア諸国にはご覧のとおり、道路や鉄橋やトンネル、港などのインフラが整っていない国がまだまだたくさんあります。そういう国はお金があまりありませんから、こういうものができたら是非、そこから借りてインフラ整備を行いたいと考えています。

　するとほとんどのアジアの国は「中国はいいこともやってくれるではないか」ということで、非難の目をそらすことになります。今は中国と言えば南沙・西砂問題より完全にＡＩＩＢに対する関心の方が高くなっています。

　習近平もプーチンと同様にとても老獪な政治家で、日本や米国にも一応、声をかけながら欧州の主要諸国を参加させてしまいました。がぜん、守勢に回ったのが日本と米国です。世界の目は南沙などの地政学的リスクから、ＡＩＩＢに移ってしまいました。

　わたしは米国が共和党政権に変わったら、中国への態度が変わるのではないかと思っていますが、オバマ民主党政権では中国に対しては守勢一方です。

　中国はこのあとシルクロード基金もつくりました。シルクロード基金はＡＰＥＣ（アジア太平洋経済協力）の非加盟国であるモンゴルやカンボジア、ラオス、ミャンマー、バングラデシュなどの国を念頭に置いて投資をしていこうという考えです。

　途上国に融資を行う国際的な金融機関としては、世界銀行（世銀）がありますし、またアジアには日本と米国が主導しているアジア開発銀行もあり、アフリカにも米国、日本などが出資するアフリカ開発銀行があります。そういうものがある中で、堂々と中国がＡＩＩＢの構想をぶち上げてきたことに対しては、やはり危機感を持つことと、その意味を考えることをしなくてはなりません。

もちろん、アジア各国の年間の開発資金は約90兆円以上必要だと言われているので、世銀やアジア開発銀行だけではとても賄い切れないのは事実ですが、問題はこれに対して中国がとった戦略が実に巧妙であったということです。

これに対して日本の政治家はロシアのプーチンや中国の習近平と比べるとひと回りもふた回りもスケールが小さいと感じます。そういうことを指摘すると、中には冗談じゃないと怒る方がいるかもしれませんが、個人的にはそう感じます。

地政学リスク④欧州

今また欧州の債務問題が立ち上がっています。

その一つはギリシャの問題です。

2015年1月に就任したギリシャ首相のアレクシス・ツィプラスは、急進左派連合の党首で、緊縮財政への反対を唱えています。

ギリシャはこれまで西側諸国がずっと国際的援助を行ってきた国です。なぜならここは共産圏と接する西側の要衝だったからです。今はロシアからも積極的なアプローチがあります。だから外国の援助に甘える国になってしまいました。

そのために民間企業は育たず、公務員の数ばかりが増えました。失業率が高くても、失業手当も大きいので、誰も就職しません。就職しなくても恥ずかしいという文化もありません。

一時、EU諸国がギリシャの財政をサポートするかわりにギリシャは財政の緊縮化を図ることで合意しました。そのためにギリシャは国民の年金額を減らし、公務員数を減らし、また水道、ガスなどの公共料金を上げること等が必要とされました。

少なくともそれを求める方は、それを何年何月まで、最低3年間は続けて下さい、ということをきちんと明確にしておけば問題はなかったと思います。

ただ「やって下さい」と言っただけで、実際はダラダラと同じ状況が続いていています。

ギリシャ国民にしてみれば、年金を2割も減らしたのに、状況はいっこうに改善されないではないか、いつまで耐えればいいのか、と不満がどんどん貯まっています。これはギリシャだけの問題ではなく、スペインやイタリアなども状況は同じだと思います。

欧州には南北問題が未だに存在し、南のほうは依然、貧しい地域です。だからイタリア国内でも南のほうが犯罪の発生率は多いです。

ギリシャのツィプラスは40歳代と非常に若く、国民はこの急進左派連合の党首の言うことを圧倒的に支持してしまいました。

ギリシャの緊縮財政反対を国民が選択したことに焦ったのはEU各国です。中でも最も金融支援を行っている側のドイツのメルケル首相は大変困ったと思います。

そこでドイツはギリシャがその方針なら金融支援はすぐストップするという強硬な姿勢で臨みました。これに対してはツィプラスもさすがに選挙のときは緊縮財政反対を言って勝利したものの、政権に就いた今は具体的に良い解決法がないので、あと4カ月だけ金融支援を続けて欲しいとドイツに頼み込み、この4月に4カ月目に入りました。ツィプラスは国民に対して今は少し我慢してくれと言っています。

EUのリスクは富裕国フランスにも

ＥＵ諸国の財政問題はフランスにも飛び火しています。

フランスでは急進左派ならぬ極右政党だった国民戦線が支持を増やしています。国民戦線党首のマリーヌ・ルペンは、党の創始者・ジャン＝マリー・ルペンの娘で、２代目です。父親の時代は支持率が２、３％の弱小政党でしたが、今や支持率は20％を超える大政党になっています。ただ、娘の時代になって、父親ほど過激な発言は控えるようになっています。

国民戦線は失業者、特に自分たちの職を奪われたのは移民のせいだと考えるフランス人が主に支持しています。それは国民戦線はかつて過激な移民排斥を掲げる政党だったからです。しかし移民が就ける職業は、たとえば道路掃除など、限られた職業だけです。それでも移民排斥を掲げる政党が少なからぬ国民に支持されるという状況は、フランス国内でいかに失業問題、それに移民や貧困層による犯罪の増加など、社会の不安定要因が深刻になっているかを示しています。

わたしはかつて、今のオランドが大統領になる前、選挙で社会党のオランドが勝利したらどうするかと、ある企業のトップに聞かれたことがあります。

わたしは歴史は繰り返す、ということを述べました。つまり、揺り戻しが必ずある、という趣旨です。

もとよりEUは、ドイツやフランスのような国民所得の高い国と、民間の企業があまり育っていないギリシャやキプロスのような国とが一緒になったところに難しさがありました。

本来、企業があるから雇用も生まれ、国を支える税収も生まれるのです。雇用が生まれれば、その人たちが物を買い、今度はその物を作ったり売ったりする企業がまた生まれる、という循環ができます。そういう循環を作らなくては、アフリカ諸国も、ギリシャなどでも、決して経済や財政は良くなりません。

ギリシャには風光明媚な環境やパルテノン神殿などがあり、観光産業は確かに盛んかも知れませんが、それだけでは国は持ちません。

日本にはどこに行っても、北は北海道から南は沖縄まで、あらゆるところに会社が存在します。日本もアフリカやギリシャと同じように民間企業が育たない社会になっていたら、同じような問題が起こっていたでしょう。

日本には給与の高低の差はあっても、食べるものには困りませんし、教育を受ける機会も平等にあります。それがいかに大事であるかということです。

民間企業では人が創意工夫をする、その創意工夫を皆で持ち寄ることが、人が働くことになります。皆が何とか状況を良くしようと努力するから、自浄作用も起きます。ところがこれが国営企業や公務員ばかりになると、働いても遊んでいても同じだから、皆遊んでしまいます。何もしなくても給料は出るから、仕事なんてするのはやめよう、ということになってしまう。日本でそんな人がいたらすぐクビですが、ギリシャではそうなりません。周りがそんな人ばかりだから、誰も働かなくなります。

キプロスを巡る債務問題

次にキプロスを巡る債務問題です。

トルコや中東に近い地中海に浮かぶキプロスは戦後、民族紛争によって南北に分断されたままになっています。トルコ系が多い北側をトルコが支援しており（北キプロス・トルコ共和国）、南側のキプロス共和国は２００３年にＥＵに加盟しました。キプロス共和国は民族・文化的にギリシャと関係が深く、ギリシャ同様に財政問題が悪化したことでＥＵの支援対象になっています。

ユーロ圏から約１００億ユーロ、１兆３千億円がキプロスの銀行に支援されることになりました。その際にＥＵ諸国がキプロスに絶対に守ってもらうことにしたのが、預金者への課税です。課税率は預金者が利益を得た額の９・９％です。

預金者がたとえば１００万円の配当を得たら、10万円ぐらいは税金に持って行かれるということです。

税金がかからないためにキプロスの銀行にはこれまで、ロシアの富裕層の資金などが大量に流れ込んでいました。その中にはプーチンの親戚などもいて、その合計は１９０億ドル、２兆５千億円ぐらいにのぼると言われます。

ユーロ諸国がキプロスの銀行を支援しなければ、銀行はつぶれるだけです。つぶれても別にＥＵ諸国にコストは発生しませんが、実際にはつぶれてしまうとい

いる様子でした。ですが、なぜ、それでうまくいかなくなるかは皆、その答えがわからないのです。

もちろん、副作用がなければ、その処方はどんどん実行すればよいでしょう。いや絶対にやったほうが得です。お札ならいくらでも刷れるのですから。

でも副作用は必ずあるのです。

一般的にどんな副作用、反作用が起きるのか。

まず、ひとつは財政規律の緩みです。

金融緩和を続けると、国債の金利は下がっていきます。当然、政府の利払い負担は少なくなっていきます。今まではどう資金を捻出するかで皆、苦労していたのに、こんな簡単なことならば、どんどんやろう、ということになります。これが続くと、行く末はギリシャと同じ状況です。

国民みんなが厳しいことはやめにしておこう、ということになります。当然、財政健全化の取り組みは遅れていきます。

そして改革を行わなくてはいけないようなこと対しては、非常に悪い影響が出てきます。

改革を行うには痛みを伴うことをしなければいけません。人を減らしたり、無駄を省くということですから。でもこれは必要なことです。民間は皆、必死にそれをしています。

日本の国会議員や地方議会議員が最悪なのは、議員数をいつまで経っても減らそうとしないところにあります。彼らが悪い例の見本です。厳しいことはやめにしよう、減らさなくたっていいじゃないか、と。ギリシャと同じです。だから日本の政治はいつまで経っても世界で2流、3流のままなのです。そんな連中がやっていることは信用もできません。

財政規律が緩むと、あらゆる改革は後回しになります。日本はますます世界から置いてけぼりになっていくのです。

次に、最も恐れているのは、またかつてのようにバブルが起きるのではないか、という不安です。

この間、長銀出身でいま大手不動産会社の専務をやられている人とゴルフで一緒になったのですが、彼の話では、台湾や中国の富裕層が今、どんどん日本の不動産を買っているということです。というのも、彼らにしてみれば台湾や香港、タイ、バンコク、シンガポールなどで不動産投資をしてもリターンはほとんどないからだということです。ところが日本に来れば悪くても2%、よければ3%超のリターンが取れるのです。

だからどんどんその資金が日本に流入しています。これは1985年から1990年の頃に状況が似ています。

すでにわれわれ一般市民が都内でマンションを買おうとすると、価格が非常に高くてなかなか買えなくなっています。投資用に買われているから一般市民が買えない。

これはもう昔のバブルのときと状況が同じです。不動産が完全なマネーゲームの対象になっています。

日本でも「今回はあまり派手にはできないな」といって、少しの額で投資をしている企業はたくさんあります。しかし右肩上がりが未来永劫続くことはこの世の中では絶対ないのです。いつか必ず落ちるときが来ます。それがいつか、というだけのことです。

彼らが自己資金、自分のお金で投資をしている限りは、バブルが弾けても自分の財布がゼロになるだけで済みますが、もしそれ以上に、借金をして投資をしていたとすると、またかつてと同じことになってしまいます。

金融緩和を行うと一般的に、自国の通貨は相対的に安くなりますが、各国とも金融緩和を行っている現在のような状況では、一筋縄には捉えられません。

いま中国は国内景気が減速しており成長率は7％に修正されましたが、もっと落ちるのではないかという見方もあります。一方、金融緩和をあれだけ行っていた米国の景気も今、気が付いたら米国が一番、損をしているのではないかというぐらいの状況になっています。

米国企業は海外売上高比率が平均4割ぐらいと非常に高いので最近のドル高は相当にきついはずです。中国経済に次いで米国経済もそういうことになってくると、日本はいくら円安で輸出産業に有利だといっても、そのメリットを享受できなくなる可能性があります。日本の製品をたくさん買っていた中国や米国が買わなくなってくるからです。

今までは円安で結構売れていた日本の製品が、中国や米国の景気減速で売れなくなってくる。一方で円安で輸入材料や輸入製品だけは高くなっていく。これが続いたら、日本経済もたいへんなことになってくるでしょう。

世界経済を牽引していた米国と中国を中心として経済が悪くなってくれば当然、ものは回転しなくなります。そうなると円安の悪いところだけが強調され、今までメリットだったものがとたんにデメリットになります。

大手の金融機関は自分に不利益なことには無関心でいたいので、そういう話はなかなかしません。

日本国債のリスク

最後は発行残高910兆円に達する日本の国債問題です（うち赤字国債が500兆円超）。

この問題は、これまでもずっと言われてきたのは、皆さん、ご存知の通りです。

国債が暴落したら大変なことになる、いや日本は銀行を中心として金融機関が買っているから大丈夫だ、とこういう議論が繰り返されてきていますが、本当に大丈夫でしょうか。

時系列で数字を見れば、一目瞭然ですが、日本国債の海外の保有比率が徐々に上がってきています。

なぜ上がってきているか、薄気味悪い理由が一つあります。

今まで歴史的に見て、日本国債よりドイツ国債のほうが金利は高かったのです。ヘッジファンドを含めた海外投資家は、日本国債よりドイツ国債を買ったほうが儲かりました。しかし今回の金融緩和でドイツ国債の長期金利は低くなってしまいました。当然、投資家は金利が高いほうに向かうのが普通です。それでドイツ国債より金利が高い日本の国債に乗り換えたということです。今までこんなことは起きたことがありません。

高いと言っても０・０いくつ、という差ですが、何千億円も買うときにはバカにならない数字です。

それだけではありません。日本国債のレーティング（格付け）は、実は非常に低い。

とあるランキングでは11位という数字です。チェコやエストニアよりも低い。ポーランドやスロバキアとあまり変わらない。中国や韓国の方が上にいます。しかも、日本の国債はS&P（スタンダード&プアーズ）によると、ネガティブウォッチが付けられています。英国の格付け機関のフィッチもネガティブウォッチです。

ネガティブウォッチが付けられているところはほかにはあまりありません。債券の投資家は何を最初に見るかというと、やはりまず格付けです。格付け機関がネガティブウォッチを付けると当然、債券価格は下がり金利は上昇します。これはたいへんなリスクです。

日本だけ金利が高くなって、各国の投資家が集まってきていますが、どうでしょう。今度、ドイツ国債がもし何らかの理由で金利が上昇すれば、当然、乗り換えが出てくるでしょう。すると日本国債の価格はさらに下落して、金利はさらに上昇します。

こうなると危ないということで、今度は逃げる投資家が出てくる可能性もあります。

今、だいたい外国人投資家の比率は8、9%ぐらいだと見られています。せいぜい

90兆円ぐらいということです。

半分が逃げた場合、45兆円です。日本の国家予算がだいたい2015年度で97兆円ぐらいですから、その半分ぐらいに相当するわけです。

ちょっと極論していますが、半分なくなるということは、その分、お金がなくなってしまうのですから、国としてはどうにかしなければいけません。

一番簡単にできるのは税金です。フランスでは3000万円以上の所得には75％もかかりますから、日本も3000万円以上の所得にはフランスより少し高めの80％にする、ということにでもするしかやりようがありません。

しかしそんなことになれば、今度は資産家が皆、日本から逃げていってしまうでしょう。

極論ですが、そういうことが起きる可能性があるということです。悪いことが一度に重なってくるのです。

いま、金融機関の総資産の4割ぐらいが国債ですから、今度は日本で1％でも金利が上がったらたいへんなことになります。910兆円ですから9兆円の金利負担です。これでは金融機関がもちません。国内景気にはたいへんな打撃になります。

このように今の日本国債は非常に不健全な状態にあるといわざるを得ません。日本は非常に大きなリスクを抱えた状況にあるということです。

エピローグ

大学に入ってから4年、長銀に入社してから46年経ちました。

自分で言うのもおかしい気がしますが、この人生日記のような物を書き、ペンを置いた今、本当に『財界』の村田社長には感謝の気持ちで一杯です。

いま改めて自分の通って来た道を振り返ってみる機会が出来たからです。

大学時代には、山谷のドヤ街でボランティアを本格的やり始め、それがアサヒグラフに取り上げられたり、映画化されたりしましたが、長銀に入社後は思い切ってフランス留学試験を受け、これがその後の銀行員のキャリアに大きく影響しました。

フランス留学後は国際部門で働く事となりましたが、最初からアフリカのガボンへの融資を担当。その後ベルギーのブラッセルで日本初の本格的な国際合弁銀行で働きましたが、国籍、文化も違う外国人と働いた事が、語学や交渉力を鍛える良い場になったと思います。

ベルギーでは大蔵大臣に会った事がきっかけになって、ＨＯＹＡの鈴木社長とお話し出来るようになりました。

この頃からアフリカにもビジネスで出張するようになり、アルジェリアは特に長銀が力を入れていた事から、首相をはじめ中央銀行総裁や国営銀行総裁、国営石油公社ソナトラックの総裁までコンタクトが出来るようになりました。

国内企業の担当にももちろん興味を持ちましたが、40歳の時にパリへの赴任を命じられました。一寸ショックでしたが、杉浦敏介会長が来仏時に言った一言、「長銀は昭和27年設立の若い銀行。こんな若い銀行が住友、三井や三菱と伍して行くには、提案力と強い人脈が必要なのだ。特に欧州は12カ国もあり言語も法律、税制など皆違う。日本企業がそれでなかなか入り込めない。邦銀も同じだ。だから渡部君の役目は人脈を構築する事だよ。他の事などする必要はない」——これがわたしのやる気に火をつけたと思っています。

お陰で往時過度の不動産投資には一切目をくれず、1986年に投資をしたマルソーの人脈を使って、フランス、イタリア、ドイツなどの多くの企業のトップと親しくなり、その案件も数多くやらせていただきました。

これもマルソーのお陰で、日本企業でも過去殆んど取引がなかったような企業にもコンタクトが出来ました。

イオンなどの企業ともマルソーの株主の縁で親しくなりました。イオンの岡田卓也現名誉会長相談役には往時パリでたいへんお世話になり、今でも訪問させていただき貴重なお時間を邪魔しています。

現在、わたしは外資系金融機関の会長や、上場企業の社外取締役、監査役、M&A会社のアドバイザー、そして東京大学総長室のアドバイザー、国際経済交流財団の理事などをさせて頂いていますが、わたしのこの本に書いたような過去の経験や知見が役に立つよう努力しています。

歳の割に未熟者ゆえ、今後とも読者皆様のご指導、ご鞭撻をお願いしたいと思っています。

渡部　恒弘

【著者略歴】**わたべ・つねひろ**　1945年2月東京生まれ。68年慶応義塾大学卒業、日本長期信用銀行入行。72年フランス・グルノーブル大学並びにパリ大学留学。77年ベルギー・ブラッセル在国際合弁銀行「Nippon European Bank」出向。90年日本長期信用銀行パリ支店長就任。94年同行取締役就任後、企業開発部、総合商社、多国籍企業、情報・通信・メディア等担当。98年同行破綻、UBS信託銀行取締役会長。2004年UBS証券会社副会長。07年Morgan Stanley Japan副会長。10年CVC Asia Pacific Japan会長。現在、CVC Asia Pacific Japan会長他、東京大学総長室アドバイザー、国際経済交流財団理事、テクノプロ・ホールディング社外取締役、デジタル・アドバタイジング・コンソーシアム社外取締役。
著書『聖域バチカン銀行/ 陰の金融帝国』(“渡部泰輔”のペンネームで。1985年日本経済新聞社)、『激動世界の銀行』(共著、1983年東洋経済新報社)。

金融の激流を生きて

2015年6月28日　第1版第1刷発行

著者　渡部恒弘
発行者　村田博文
発行所　株式会社財界研究所
［住所］〒100-0014　東京都千代田区永田町2-14-3東急不動産赤坂ビル11階
［電話］03-3581-6771
［ファックス］03-3581-6777
［URL］http://www.zaikai.jp/

印刷・製本　凸版印刷株式会社

ISBN 978-4-87932-109-1
定価はカバーに印刷してあります。